Bibliografische Information der Deutschen Nationalbibliothek:

Die Deutsche Bibliothek verzeichnet diese Publikation in der Deutschen National-
bibliografie; detaillierte bibliografische Daten sind im Internet über http://dnb.d-
nb.de/ abrufbar.

Impressum:

Copyright © 2012 GRIN Verlag, Open Publishing GmbH
Druck und Bindung: Books on Demand GmbH, Norderstedt Germany
ISBN: 9783668524392

Dieses Buch bei GRIN:

http://www.grin.com/de/e-book/371689/schnittstelle-mockumentary-ein-hybrides-
genre-zwischen-fakt-und-fiktion

Janina Pszola

Schnittstelle Mockumentary. Ein hybrides Genre zwischen Fakt und Fiktion

GRIN Verlag

GRIN - Your knowledge has value

Der GRIN Verlag publiziert seit 1998 wissenschaftliche Arbeiten von Studenten, Hochschullehrern und anderen Akademikern als eBook und gedrucktes Buch. Die Verlagswebsite www.grin.com ist die ideale Plattform zur Veröffentlichung von Hausarbeiten, Abschlussarbeiten, wissenschaftlichen Aufsätzen, Dissertationen und Fachbüchern.

Besuchen Sie uns im Internet:

http://www.grin.com/

http://www.facebook.com/grincom

http://www.twitter.com/grin_com

Universität Koblenz-Landau

Campus Koblenz

BACHELORARBEIT

Schnittstelle Mockumentary:

Ein hybrides Genre zwischen

Fakt und Fiktion

Autor: Janina Pszola

Inhaltsverzeichnis

„*Was ist, ist sowohl Wirklichkeit, als auch Möglichkeit. Was du dir ausdenkst, weil es möglich ist, ist damit auch Wirklichkeit. […] >Die Frage ist nur, warum eine erdachte Wirklichkeit noch neben die bestehende gestellt werden muß.<*"

Nooteboom 2001, 43

Einleitung

„Film, das ist 24 Mal Wahrheit pro Sekunde. "[2] Diesen Satz ließ Jean Luc-Godard einen seiner Charaktere in seinem Film LE PETIT SOLDAT (1960/1963) sagen. Einige Zeit später entgegnete ihm daraufhin der Regisseur Brian De Palma mit seiner Behauptung, die Kamera würde 24 Mal die Sekunde lügen. Diese beiden provokativ formulierten Aussagen spiegeln den Diskurs wieder, der das Medium Film seit seiner Entstehung umgibt: Kann Film die Wirklichkeit abbilden, wiedergeben und vermitteln? Kann Film lügen? Und wie funktionieren die Mechanismen, die zum Wirklichkeitseindruck eines Films beitragen?

Das Kino entstand als Jahrmarktsattraktion. Seine Herkunft verleugnet es bis heute nicht, verspricht es uns doch nach wie vor mit großem Werbeaufwand stets Neues, unglaubliche Sensationen und noch nie Dagewesenes zu zeigen. Dem zahlenden Zuschauer soll der Atem stocken angesichts der magischen Attraktionen, wie sie die Realität nicht kennt. Bei der ‚Verwirklichung' solcher Wunder steht dem Spielfilm, durch die digitale Technik, eine breite Palette offen. Auch der Dokumentarfilm arbeitet mit Illusionen, doch verwischt er die Spuren der Manipulation geschickt. Ähnlich der Photographie besteht an ihn jedoch der Anspruch Sachverhalte objektiv, unverfälscht und glaubwürdig wiederzugeben. Im gesellschaftlichen Diskurs werden diese Form des Wirklichkeitsbezugs und die damit zusammenhängenden Strategien und Probleme immer wieder thematisiert.[3] So haben wir als Mitglieder einer modernen Mediengesellschaft gelernt, dass Filme „irgendwie" immer subjektiv sind und es *die Wahrheit* nicht gibt. Wir glauben längst nicht mehr alles, was uns das Fernsehen präsentiert und sind, so nehmen wir an, in der Lage zwischen der Darstellung von Wirklichkeit (im Dokumentarfilm) und der Darstellung fiktiver Welten (im Spielfilm) zu unterscheiden.

Eine Schnittstelle zwischen diesen beiden Welten, stellt die Mockumentary dar. Sie hat zwar die Form eines typischen Dokumentarfilms, ihr Inhalt ist jedoch rein fiktiv.

Die folgende Arbeit untersucht die Bezogenheit der Mockumentary auf den Dokumentarfilm.

---

[2] *Le Petit Soldat.* Regie: Jean-Luc Godard. Frankreich 1963 (1960). Zitiert nach Schaub 1979.
[3] Vgl. Kreimeier 1997, 33

Die zwei zentralen Fragen lauten dabei:

1. Auf welche Weise adaptieren Mockumentaries eine dokumentarische Machart?

2. Warum adaptieren Mockumentaries eine dokumentarische Machart? Welche Intention steckt dahinter?

Die Arbeit gliedert sich in vier Hauptkapitel und ein Resümee.

Einleitend wird im ersten Kapitel anhand der Entstehungsgeschichte des Begriffs und der Abgrenzung zu anderen, verwandten Filmgenres nach einer allgemeinen Definition für *Mockumentaries* gesucht. Schon hier wird die Reflexivität zum Dokumentarfilm deutlich, mit der sich die Arbeit in den anschließenden Kapiteln noch eingehender auseinandersetzt.

Das zweite Kapitel nähert sich der Mockumentary auf medientheoretischer Ebene. Es beleuchtet den Wirklichkeitsbezug von Mockumentaries und ihre vakante Stellung zwischen Dokumentation und Fiktion. Zunächst wird das Problem der Wirklichkeit in den Diskurs der Filmtheorie überführt. In diesem Zusammenhang wird das Realitätsmodell von Eva Hohenberger vorgestellt. Auf der Suche nach einer Antwort auf die Frage, ob und wie das Medium Film als Instrument der Wirklichkeits(re)produktion dienen kann, haben sich im Laufe der Zeit viele verschiedene Strömungen innerhalb des Dokumentarfilms entwickelt.[4] Da sich die Mockumentary stets auf den Dokumentarfilm bezieht, werden in diesem Kapitel die verschiedenen Realitätsmodi dokumentarischer Darstellungsformen nach Bill Nichols erläutert. Außerdem folgt in diesem Kapitel eine Gegenüberstellung der fiktionalen und dokumentarischen Filmrealitäten. Es wird deutlich, dass die Unterscheidung zwischen „fiktional" und „dokumentarisch" auf unterschiedlichen Konventionen beruht, die als ungeschriebene ‚Wahrnehmungsverträge' zwischen Regisseur und Zuschauer betrachtet werden können.[5]

Es folgt ein Exkurs, in dem eine Abgrenzung der Mockumentary gegenüber der Fälschung und der Lüge im medienspezifischen Kontext anhand eines Beispiels vorgenommen wird.

---

[4] Z.B.: „Cinema Vérité", „Direct Cinema"
[5] Vgl. Arriens 1999, 85

Nach der medientheoretischen Einbettung in die Thematik, steht im dritten Kapitel die Frage im Mittelpunkt, auf welche Weise Filmemacher dokumentarische Authentizität erzeugen. Außerdem dient das Kapitel dem Aufbau eines Analyserasters, mit dessen Hilfe im vierten Kapitel einige Mockumentaries exemplarisch untersucht werden.

Dazu werden die (Pseudo-) Authentisierungsstrategien erläutert, die Mockumentaries nutzen, um die Lesart eines Dokumentarfilms zu etablieren. Anhand des dreistufigen Schemas von Roscoe und Hight zur Reflexivität der Mockumentary gegenüber dem Dokumentarfilm wird dann der hinter diesen Strategien steckenden Intention der Filmemacher nachgegangen. Hier wird u.a. deutlich, dass die Mockumentary durch die Imitation des Dokumentarfilms, nicht nur die unterhaltsame Belustigung des Rezipienten, sondern auch die kritische Bewusstmachung oder sogar die Dekonstruktion des Dokumentarfilm-Genres zum Ziel haben kann und, dass dies nicht nur abhängig von der Intention des Filmemachers, sondern auch von den jeweils vorherrschenden Codes und Konventionen sowie der Erwartungshaltung des Rezipienten ist. Roscoe und Hight unterteilen Mockumentaries dementsprechend in drei verschiedene Grade der ‚Mock-docness'.

Im vierten Kapitel werden die dem Mockumentary-Genre zuzurechnenden Filme DAS FEST DES HUHNES, TOD EINES PRÄSIDENTEN und MUXMÄUSCHENSTILL vorgestellt und anhand des zuvor aufgebauten Rasters analysiert. So werden zunächst die in ihnen vorkommenden (Pseudo-) Authentisierungsstrategien herausgearbeitet, um anschließend eine Zuordnung zu den von Roscoe und Hight eingeführten Graden der ‚Mock-docness' vorzunehmen.

1   Grundlagen zur Mockumentary

1.1   Herleitung des Begriffes und Definitionsversuch

„Mock\u\men\ta\ry, n.: A television programme or film which takes the form of a serious documentary in order to satirize its subject"[6]

Demnach übernehmen Mockumentaries also die Form eines ernst gemeinten Dokumentarfilms, um ihr Thema satirisch darzustellen. Dieser Eintrag aus dem *Oxford English Dictionary* macht bereits den Bezug der Mockumentary zum Dokumentarfilm deutlich und gibt erste Informationen über ihre Form, ihr Vorgehen und ihre Absicht. Später wird sich jedoch zeigen, dass diese Definition zu eng gefasst ist, da sie außer Acht lässt, dass es sich bei einer Mockumentary nicht zwangsläufig um eine Satire handelt, sondern dass sie auch die Kritik oder sogar die Dekonstruktion des dokumentarischen Genres an sich intendieren kann. Nach dem aktuellen Begriffsverständnis kann man die *Mockumentary* als hybride[7] bzw. dokufiktionale Form – oder schlicht als *docufiction* bezeichnen.[8]

Anstelle von *Mockumentary,* werden von anderen Autoren auch die Bezeichnungen *Fake-Doku*[9], *Mock-Documentary*[10] oder *fingierter Dokumentarfilm*[11] benutzt. Bei der sogenannten *Pseudo-Doku* handelt es sich zwar auch um ein fiktionales Format, das den Anschein erweckt, es sei dokumentarisch. Der Zuschauer wird jedoch, im Gegensatz zur Mockumentary, nicht über den fiktiven Charakter der Handlung aufgeklärt – im Gegenteil, durch verschiedenen Authentifizierungssignale wird er im Glauben bestärkt, es handele sich um reale Ereignisse.[12]

Woher der Begriff *Mockumentary* stammt und seit wann er benutzt wird, lässt sich nur vermuten. Auch die beiden Autoren Roscoe und Hight, die sich mit dem Genre in ihrem Buch *„Faking It – Mock-Dokumentary and the Subversion of*

---

[6] Oxford English Dictionary 2011, 1137

[7] Hybridität wird hier als eine Vermischung von Authentischem und Inszeniertem bzw. von Dokumentarischem und Fiktionalem verstanden.

[8] Vgl. Rhodes/ Springer 2006

[9] Vgl. Edthofer 2008

[10] Vgl. Roscoe/ Hight 2001

[11] Vgl. Hattendorf 1999

[12] Vgl. Elias/Weber 2009, 182

Factuality" auseinandergesetzt haben, geben an, dass sie trotz eingehender Recherche nur wenige Hinweise auf die Herkunft des Wortes finden konnten.[13]

Fest steht, dass 1964 im Film A HARD DAY´S NIGHT, einer Komödie, die im dokumentarischen Stil ein paar Tage aus dem Leben der *Beatles* beschreibt, erste Hinweise auf den Begriff der Mockumentary auftauchen. So wird Ringo von einer Reporterin gefragt *„Are you a mod[14] or a rocker?"*, woraufhin er entgegnet *„Um, no. I´m a mocker[15]."*[16] 1965 findet die *Mockumentary* daraufhin zwar im *Oxford English Dictionary* erstmals Erwähnung, populär wird sie jedoch erst in den 80er Jahren, als der Regisseur Rob Reiner seinen Film THIS IS SPINAL TAP – A ROCKUMENTARY BY MARTIN DIBERGI (1984) in mehreren Interviews als *Mockumentary* bezeichnet. Dieser stellt eine Parodie auf das dokumentarische Subgenre der *Rockumentary,* (die zu der Zeit zahlreich produzierten Dokumentarfilme über Rockbands) dar. Er gilt als bekanntester Vertreter des Mockumentary-Genres.

Im Folgenden wird ein Versuch unternommen die Mockumentary zu definieren. Dies ist nicht ganz trivial, da es, analog zum Dokumentarfilm, sehr unterschiedliche Formen der Mockumentary gibt. Roscoe und Hight haben in ihrer umfangreichen Studie eine detaillierte Kategorisierung der Mockumentary vorgenommen. Sie definieren sie folgendermaßen:

> *„Mock-dockumentaries are fictional texts which in some form ›look‹ like documentaries. These texts tend to appropriate certain documentary modes, as well as the full range of documentary codes and conventions."*[17]

In ihrem Buch *„F is for Phony. Fake-Documentary and Truth´s Undoing"* geht Alexandra Juhasz noch einen Schritt weiter und betont neben der Verwendung dokumentarischer Stilmittel auch inhaltliche Aspekte:

> *„For my purpose here, fake documentaries are fiction films that make use of (copy, mock, mimic, gimmik) documentary style and therefore acquire its associated content (the moral and social) and associated feelings (belief, trust, authenticity) to create a documentary experience defined by their antithesis, self-conscious distance."*[18]

---

[13] Roscoe/ Hight 2001, 77

[14] Engl. Ausdruck für modischen, Motorroller fahrenden Jugendlichen in den 60er Jahren

[15] Engl. für Nachäffer, Spötter

[16] http://www.imdb.com/title/tt0058182/quotes, 29.11.11, 19:58 h

[17] Roscoe/ Hight 2001, 49

[18] Juhasz 2008, 7

Eine weitere, relativ umfangreiche Definition liefert die Internetseite *Wikipedia*, die aufgrund der geringen Anzahl anderer Definitionen als erwähnenswert betrachtet wird:

> „Der Filmgenre-Begriff **Mockumentary** ist ein Kofferwort (englisch *(to) mock*: `vortäuschen, verspotten´ (sich mokieren) und *documentary*: „Dokumentarfilm") und die Bezeichnung für einen fiktionalen Dokumentarfilm, der einen echten Dokumentarfilm oder das ganze Genre parodiert.
> Eine Mockumentary tut so, als sei sie ein Dokumentarfilm, ohne tatsächlich einer zu sein. Dabei werden oft scheinbar reale Vorgänge inszeniert oder tatsächliche Dokumentarteile in einen fiktiven bzw. erfundenen Zusammenhang gestellt. Es ist ein geläufiges filmisches Genremittel für Parodie und Satire. Eine Mockumentary kann außerdem das Ziel haben, ein stärkeres Medienbewusstsein zu schaffen und Zuschauer dazu zu bringen, Medien zu hinterfragen und nicht alles zu glauben, was täglich im Fernsehen zu sehen ist.
> Mockumentarys präsentieren sich z. B. oft als historische Dokumentarfilme aus bisher noch unveröffentlichtem Material mit *talking heads*, die vergangene Ereignisse erörtern oder als *cinéma vérité* Leute durch verschiedene Ereignisse zu begleiten scheinen.
> Der Autor, Schauspieler und Regisseur Christopher Guest hat sich auf dieses Genre spezialisiert und bislang vier derartige Mockumentarys geschaffen. Die wohl bekannteste war *This Is Spinal Tap*.
> Auch das relativ neue Genre der *Doku-Soaps* wird oft durch Mockumentary-Serien parodiert.
> Nicht als Mockumentary anzusehen sind *Pseudo-Dokus* („Scripted Reality"), bei denen Dokumentationen nicht parodiert, sondern imitiert werden."[19]

Als Formen der Mockumentary führen Roscoe und Hight die *Parodie* (1. Grad), die *Kritik* (2. Grad) und die *Dekonstruktion* (3. Grad) an.[20] Sie betonen jedoch, dass es sich dabei nicht etwa um feststehende Kategorien handele, sondern dass die Übergänge oft fließend seien. Eine Einordnung der Filme sei deswegen keineswegs absolut, sondern auch von ihrer jeweiligen Rezeption abhängig.[21] Ästhetische Merkmale eines Mockumentary-Filmes spielen für sie bei der Bestimmung der Mockumentary-Form keine Rolle.

Bayer dagegen beschreibt Mockumentaries als „*films thus recreate the aesthetics of cinéma vérité films from the 1960s.*"[22] Wie diese Arbeit noch zeigen wird, ist jene Beschreibung jedoch zu pauschalisierend. Vielmehr adaptiert die Mockumentary diverse dokumentarische Ästhetiken und Darstellungscodes, um, je nach Grad, Aspekte der populären Kultur oder gar das ganze Dokumentarfilm-Genre zu parodieren oder zu kritisieren.

---

[19] http://de.wikipedia.org/wiki/Mockumentary (18.11.11, 18:07 h)

[20] Siehe Tabelle 2

[21] Vgl. Roscoe/ Hight 2001, 115

[22] Bayer 2006, 165

1.1.1 Wer hat´s erfunden?

Wegbereitend für das Mockumentary-Genre waren wohl Luis Buñuels Film LAND OHNE BROT (1933), der eine Parodie auf den ethnographischen Film dieser Zeit darstellt, und Orson Welles Hörspiel KRIEG DER WELTEN *(1938)*, das die Form einer fiktiven Reportage hatte und ursprünglich als *Hoax*[23] gemeint war, Zeitungsberichten zufolge führte es aber zu heftigen Irritationen bei der Bevölkerung.[24]

Einige weniger bekannte Vertreter des Genres, wurden in den 60er und 70er Jahren produziert. Es entstanden Filme wie DAVID HOLZMAN'S DIARY (1967), PAT PAULSEN FOR PRESIDENT (1968), TAKE THE MONEY AND RUN (1969), oder THE RUTLES: ALL YOU NEED IS CASH (1978). Nach dem kommerziellen Erfolg von Woody Allens ZELIG (1983) und Rob Reiners THIS IS SPINAL TAP (1984), gab es einen regelrechten Boom des Genres und zahlreiche Mockumentaries folgten. Gemessen an den Verkaufszahlen und der Höhe der eingespielten Einnahmen waren laut der „Box Office Charts"[25] seit 1978 bis heute im US-amerikanischen Raum die fünf erfolgreichsten unter ihnen BORAT (2006), BRÜNO (2009), BEST IN SHOW (2000), A MIGHTY WIND (2003) und ZELIG (1983).[26]

1.2 Abgrenzung zu anderen Film-Genres

Da die Suche nach einer eindeutigen Definition des Mockumentary-Genres bisher relativ wenige Ergebnisse zu Tage brachte, wird nun der Versuch unternommen, die Mockumentary durch die Abgrenzung zu anderen hybriden Filmformen und Genres näher zu bestimmen.

An dieser Stelle sei darauf hingewiesen, dass es in der einschlägigen wissenschaftlichen Literatur unterschiedliche Meinungen zum eigenständigen Genre-Charakter von Mockumentaries gibt. So definiert Heller ein Genre beispielsweise als *„[...] ein Ensemble von Werken, das im Hinblick auf Sujet, Dramaturgie und Ästhetik von einer relativ konstanten Regelhaftigkeit ist, wobei die ständige Variation des erkennbar Vertrauten für die Lebendigkeit und*

---

[23] Engl. für Jux, Scherz, Schabernack, Schwindel, Halloweenscherz

[24] http://en.wikipedia.org/wiki/The_War_of_the_Worlds_(radio_drama), 05.12.2011, 19:24 h

[25] **Box Office** [engl./us-amerik. umgspr.] bezeichnete ursprünglich den Kartenschalter am Eingang eines Kinos. Inzwischen wird der Begriff für die Einnahmen verwendet, die ein Kinofilm während seiner Spielzeit in Kinos erwirtschaftet.

[26] Vgl. http://boxofficemojo.com/genres/chart/?id=mockumentary.htm, 05.12. 2011, 20:55 h

7

historische Beständigkeit eines Genremusters sorgt.[27] In Anbetracht dieses Anspruchs einer einheitlichen Regelhaftigkeit, wäre allerdings darüber hinaus auch fraglich, ob man den Dokumentarfilm überhaupt als eigenes Genre bezeichnen kann. Da die Mehrzahl der Autoren jedoch von einer Eigenständigkeit des Genres ausgeht[28] und eine eingehende Untersuchung hierzu den Umfang dieser Arbeit sprengen würde, ist auch im Folgenden die Rede vom *Mockumentary-Genre.*

Auch Roscoe und Hight setzen die Mockumentary in Relation zu anderen dokumentarischen Formen, wie der *drama-documentary,* und definieren sie darüber hinaus als fiktionale Texte,

> *„[...] who position themselves quite differently in relation to the discourses of fact and fiction. In sharp contrast to drama-documentary, they tend to foreground their fictionality (except in the case of deliberate hoaxes). [...] mock-documentary utilises the aesthetics of documentary in order to undermine such claims to truth."*[29]

Zur Veranschaulichung des Unterschieds zwischen den beiden Formen, vergleichen Roscoe und Hight Mockumentaries mit Aprilscherzen, die als Kurzmeldungen in einer Zeitung abgedruckt werden.[30] Dieser Vergleich ist gar nicht so weit hergeholt, war doch die von den meisten Autoren als erste Mockumentary bezeichnete SPAGHETTIERNTE (1957) tatsächlich als Aprilscherz gedacht.

Ähnlich gehen die Autoren Rhodes und Springer in ihrem Buch *„Docufictions. Essays on the Intersection of Documentary and Fictional Filmmaking"* vor. Sie versuchen sich dem Genre anzunähern, indem sie das Dokumentarische dem Fiktionalen und die Form dem Inhalt gegenüberstellen. Auf diese Weise grenzen sie vier verschiedene Genres voneinander ab:

	Form	*Inhalt*	*Genre*
1.	dokumentarisch	dokumentarisch	**Dokumentarfilm**
2.	dokumentarisch	fiktiv	**Mockumentary**
3.	fiktiv	dokumentarisch	**Doku-Drama**
4.	fiktiv	fiktiv	**Spielfilm**

Tab. 1: Schema zur Einordnung hybrider Genre[31]

---

[27] Heller 2001,15

[28] Vgl. Rhodes/ Springer 2006 sowie Roscoe/ Hight 2001

[29] Roscoe/ Hight 2001, 46

[30] Vgl. Roscoe/ Hight 2001, 2

[31] Vgl. Rhodes/ Springer 2006, 4

Auch wenn dieses Schema mit seiner strikten Gegenüberstellung von dokumentarischen und fiktionalen Formaten mittlerweile als überholt gilt, eignet es sich doch zur ersten Annäherung an die charakteristischen und genrespezifischen Merkmale der Mockumentary. Es wird deutlich, dass das Mockumentary-Genre, genau wie das Doku-Drama, an der Schnittstelle zwischen fiktionalem und non-fiktionalem Film anzusiedeln ist. Im Gegensatz zur Mockumentary nutzt das Doku-Drama allerdings szenische Elemente, um tatsächliche Geschehnisse wie (zeit-)historische Ereignisse in erzählender Form aufzubreiten. Oft handelt es sich dabei um historische Schlüsselereignisse, politische Skandale, Justiz- oder Unglücksfälle. Durch nachgestellte Spielszenen, sogenannte *Re-enactments,* wird eine Dramatisierung des Inhalts erreicht und „*the ›promise of complete seeing‹*"[32] wird erfüllt.

---

[32] Beattie 2004, 158

2 Medientheoretische Einbettung der Mockumentary

Wie im ersten Kapitel erläutert wurde, unterscheidet sich die Mockumentary in ihrer Form nicht vom Dokumentarfilm, sie hat die gleichen ästhetischen Merkmale und benutzt die gleichen Strategien, um Authentizität zu erzeugen. Im Gegensatz zum echten Dokumentarfilm ist die Geschichte, die eine Mockumentary erzählt, jedoch nicht gefunden, sondern erfunden. Ihr Inhalt ist rein fiktiv – Personen, Orte und Ereignisse entstammen der Phantasie des Filmemachers.

Über Mockumentaries zu sprechen, bedeutet demnach auch über Dokumentar- und Spielfilm und ihr Verhältnis zur Wirklichkeit zu sprechen. Philosophische und medientheoretische Ansätze sollen nachfolgend als Grundlage dienen, um die Mockumentary im Laufe dieser Arbeit anhand konkreter Beispiele zu untersuchen.

2.1 Die Wirklichkeit des Films

Für alle Menschen, die einen Film sehen, ist der Filmemacher in diesem Moment der Schöpfer eines Ausschnitts ihrer Wirklichkeit.

> *„[Der Film] spiegelt [...] Realität auf eine spezifische Art und Weise: durch Betonung, Interpretation, Verzerrung, Kommentierung, Fiktionalisierung, Dramatisierung, Raffung, Dehnung etc. Der Film erschafft damit [s]eine eigene filmische Realität, die auf die vermeintlich wirkliche Realität verweist, von ihr aber unterscheidbar ist."*

Implizit verdeutlicht dieses Zitat, dass sich Wirklichkeitsmodelle automatisch pluralisieren, wenn sich der Wirklichkeitsbegriff von der Realität[33] löst.[34] Eine absolute Unterteilung in „wirklich" und „nicht wirklich" macht demnach keinen Sinn.

Auch wenn eine erschöpfende Darstellung der Diskussion um das konstruktivistische Wirklichkeitsverständnis an dieser Stelle nicht geleistet werden kann, scheint in diesem Zusammenhang jedoch erwähnenswert, dass es nach dem konstruktivistischen Verständnis nicht die eine „objektive" *Realität* gibt, sondern dass sich jeder Mensch mithilfe der individuell unterschiedlichen Wahrnehmung und deren Verarbeitung durch das Bewusstsein seine eigene

---

[33] i. S. v. Gesamtheit des Realen
[34] Vgl. Edthofer 2008, 29

Wirklichkeit konstruiert. Nach dieser Auffassung kann es keine objektive Darstellung in den Medien geben, da die abgebildete Realität immer die Konstruktion eines Subjekts ist, das diese aus seiner individuellen Disposition heraus interpretiert: *„Medien liefern nach dem konstruktivistischen Verständnis damit zwar Aussagen über die Realität, sind aber darin zugleich Teil der Realität und konstituieren diese damit letztlich erst."*[35] Wirklichkeit ist also immer abhängig von den jeweiligen *„[...] biologischen, kognitiven und soziokulturellen Bedingungen, denen sozialisierte Individuen in ihrer sozialen und natürlichen Umwelt unterworfen sind."*[36] Die Wirklichkeit wird von audiovisuellen Medien folglich nicht reproduziert, sondern innerhalb bestimmter Konventionen und Passformen inszeniert.

Auch Eva Hohenberger unterscheidet in ihrem Buch *„Die Wirklichkeit des Films"* zwischen verschiedenen Wirklichkeiten, bezeichnet diese jedoch als „Realitäten". Um die weitere Untersuchung der Mockumentary und ihrer Strategien zu erleichtern und eine einheitliche Nomenklatur der Realitätsebenen zu schaffen, wird dieses Realitäts-Konzept nachfolgend kurz vorgestellt.

Das von Hohenberger entwickelte Realitäts-Konzept unterteilt die Film-Realität in verschiedene Ebenen und erlaubt auf diese Weise eine Kategorisierung verschiedener Filmgattungen.[37]

Die *nichtfilmische Realität* beschreibt den Zustand der Wirklichkeit ohne Kamera, Film und beteiligtes Personal.[38] Diese Wirklichkeit entspricht am ehesten der konstruktivistischen „Realität". Sie muss sich der Selektion des Filmemachers unterziehen.

Die *vorfilmische Realität* bezeichnet die Wirklichkeit, die sich vor der Fertigstellung des Films und während des Drehs vor der Kamera abspielt. Nachdem durch den Filmemacher etwas aus der nichtfilmischen Realität selektiert wurde, wird es vor der Kamera inszeniert. Diese inszenierte Realität wird auf dem jeweiligen Speichermedium festgehalten und ist damit zeitlich und räumlich von der nichtfilmischen Realität trennbar und unabhängig.[39]

---

[35] Schmidt 1990, 37
[36] Schmidt 1994a, 5
[37] Vgl. Hohenberger 1988, 30ff
[38] Vgl. ebd., 31
[39] Vgl. ebd., 30ff

Der Begriff *Realität Film* bezeichnet all das, was den Film als Institution charakterisiert, also Absichten, Technik, Schnitt, Organisation, Finanzierung etc. Das Ergebnis des ganzen Prozesses, also den fertigen Film, bezeichnet Hohenberger als *filmische Realität*. Dieser ist zunächst komplett unabhängig von der nichtfilmischen Realität, kehrt dann aber durch die Rezeption des Publikums wieder in diese zurück.[40]

In dem Moment, in dem die nichtfilmische auf die filmische Realität trifft, entsteht schließlich die *nachfilmische Realität*. Sie umfasst z.B. Kritiken, Verleihgeschäfte, Kinos, also schlicht alles, was sowohl die unmittelbare Filmbetrachtung und die Organisation dessen betrifft, als auch die Reaktionen, die sich daraus ergeben.[41]

Diese verschiedenen Realitätsebenen sind natürlich nicht immer leicht voneinander zu trennen. So verschwimmen vorfilmische und filmische Realität oftmals ineinander, denn was einmal *„vorfilmisch stattgefunden hat, ist jetzt in einer filmischen Realität aufgelöst."*[42] Schon wenn der Filmemacher aus dem riesigen Repertoire der nichtfilmischen Realität die für ihn interessante vorfilmische Realität selektiert, beginnt strenggenommen die Umwandlung der vorfilmischen in die filmische Realität, hat dieser doch stets den fertigen Film im Hinterkopf. Die nichtfilmische Realität steht also für sich und ist, im Gegensatz zur vorfilmischen Realität, unabhängig vom Film selbst.[43]

Zusammenfassend lässt sich feststellen, dass jeder Film das Prinzip der vorfilmischen Realität, die durch die Projektion des Films wieder in die nichtfilmische Realität zurückgeführt wird, beinhaltet. Der Vorteil von Hohenbergers Konzept liegt darin, dass durch das Verhältnis der einzelnen Realitätsebenen zueinander, eine Einordnung eines Filmes in bestimmte Filmkategorien ermöglicht wird. So gebe eine inszenierte oder aber ungestellte vorfilmische Realität allein noch keine Garantie dafür, ob anschließend ein fiktionaler oder ein dokumentarischer Film entstehe.[44] Denn ein Film stellt lediglich eine Andeutung ‚der Realität' dar und nur die Art und Weise dieser

---

[40] Vgl. ebd., 30
[41] Vgl. ebd., 43
[42] Ebd., 59
[43] Vgl. Hattendorf 1999, 45
[44] Vgl. Hohenberger 1988, 45

Andeutung, also das Verhältnis des Films zur nichtfilmischen Realität, erlaubt seine Einordnung zwischen Fiktion und Dokumentation.

Doch wie verhält es sich mit der Mockumentary? Wie ist ihr Bezug zur Wirklichkeit? Welche Rolle spielen dabei die Medienkompetenz des Zuschauers und die damit verbunden Erwartungen und Konventionen? Um diese Fragen beantworten und die Mockumentary näher bestimmen zu können, wird im Folgenden eine Gegenüberstellung der fiktionalen und der dokumentarischen Filmrealitäten vorgenommen.

2.1.1 Gegenüberstellung der fiktionalen und dokumentarischen Filmrealitäten

Das Ziel des fiktionalen Films ist es, dass der Zuschauer die Perspektive der Kamera einnimmt. Auf diese Weise hat er die Illusion, beim Geschehen dabei zu sein. Um dies zu erreichen, verschleiert der fiktionale Film die vorfilmische Realität üblicherweise. Er versteckt seine Mittel und den Prozess seiner Entstehung, weder Kamerablick noch Montage werden enthüllt. Die filmische Realität wird als ein Ausschnitt der nichtfilmischen Realität präsentiert, die vorfilmische Realität wird dabei gewissermaßen übersprungen.[45] Ein wichtiger Punkt dabei ist jedoch, dass sich der Zuschauer der Illusion des Spielfilms geradezu hingibt, er weiß also, dass es sich beim Gesehenen um Fiktion handelt.

Der Dokumentarfilm dagegen verschleiert die vorfilmische Realität seiner Entstehung meistens nicht. Er stellt einen „[...] Prozess des Suchens, Recherchierens, des Sammelns von Materialen in allen möglichen Richtungen dar."[46] Die vorfilmische Realität recherchiert und sucht also in der nichtfilmischen Realität, aus der die Geschichte, um die es geht, ursprünglich entstammt. Dieser Prozess wiederum wird in den meisten Dokumentarfilmen auf der Ebene der filmischen Realität, also im eigentlichen Film, offenbart. Auf diese Weise wird dem Zuschauer zwar ein relativ authentisches Abbild der nichtfilmischen Realität geliefert, aber auch hier wird eine Illusion geschürt: Indem der Zuschauer gewissermaßen in die vorfilmische Realität miteinbezogen wird, erhält er auch hier das Gefühl des ‚Dabeiseins' und es entsteht der Eindruck von Authentizität, tatsächlich ist „[...] der Zuschauer nicht mehr direkter

---

[45] Vgl. Hohenberger 1988, 52
[46] Rindlisbacher 1977, 50ff

Augenzeuge im filmischen Prozess [...]."[47] Auch der Dokumentarfilm kann daher dem Anspruch, die Wirklichkeit objektiv abzubilden, nicht gerecht werden, denn auch er ist inszeniert. Wäre er objektiv, würden vorfilmische und filmische Realität zusammenfallen. Auch wenn er versucht seine Inszenierung zu verschleiern, indem er die verschiedenen Realitätsebenen ineinander verschwimmen lässt, arrangiert er doch seine eigene Wirklichkeit.[48]

Auf welche Weise diese neu konstruierte Wirklichkeit vom Rezipienten jedoch als diese erkannt wird und welchem der beiden Diskurssysteme er sie zuordnet, hängt zum einen von den ausgesendeten Realitäts- und Fiktionalitätssignalen ab, basiert zum anderen aber auch in entscheidendem Maße auf dessen Interpretation. Diese wiederum setzt die Fähigkeit zur Unterscheidung der Kategorien „Fiktion" und „Non-Fiktion" und eine Kenntnis der damit verbundenen Konventionen voraus.[49]

Der Unterschied zwischen fiktionalem Film und Dokumentarfilm ergibt sich also nicht nur aus der jeweiligen Intention des Filmemachers, sondern auch aus der Erwartungshaltung des Rezipienten.

Bei der Mockumentary handelt es sich demnach um eine Art Meta-Film. Sie gibt vor, genau wie ein Dokumentarfilm, den vermeintlichen Prozess ihrer Entstehung, also die Suche der vorfilmischen in der nichtfilmischen Realität, zu offenbaren. Tatsächlich verschleiert sie aber die vorfilmische Realität, versteckt die Mittel ihrer Entstehung und schafft somit lediglich eine Illusion von Authentizität, die im Folgenden auch als ,(Pseudo-) Authentizität' bezeichnet wird.

2.2 Bezugspunkt Dokumentarfilm

Offensichtlich müssen Merkmale existieren, die eindeutig dem Dokumentarfilm zugeordnet werden können, war doch bisher stets die Rede von *dem* Dokumentarfilm und *der* dokumentarischen Form, die die Mockumentary imitiert. An diesem Punkt kristallisiert sich daher die zentrale Frage heraus, ob es *den* Dokumentarfilm überhaupt gibt und worin *der* Dokumentarfilm besteht. Da es eine Vielzahl dokumentarischer Subgenres gibt, muss die Mockumentary, um authentisch zu wirken, die spezifische Darstellungsform des jeweils persiflierten oder kritisierten Dokumentarfilms imitieren.

---

[47] Hattendorf 1999, 69
[48] Vgl. Leiser 1996, 18ff
[49] Vgl. Groeben 2000, 179

Seitdem Dokumentarfilm als eigenständige Gattung wahrgenommen wird, gibt es zahlreiche Versuche sich per Definitionem seinem Wesen zu nähern.[50] Diese werden hier nicht in ihrer Gänze dargestellt, da dies den Umfang der Arbeit sprengen und von der eigentlichen Fragestellung wegführen würde.[51]

Von Bedeutung scheint in diesem Zusammenhang jedoch die Annäherung an den Dokumentarfilm nach Bill Nichols. In seinem Buch *„Representing Reality"* arbeitet der Filmtheoretiker die Gemeinsamkeiten von Dokumentarfilmen heraus. Dazu untersucht er den Dokumentarfilm unter drei Gesichtspunkten:[52]

1) Selbstverständnis und Anspruch der Filmemacher

2) Darstellungsformen der Filme und verwendete Codes und Konventionen

3) Erwartungshaltung des Publikums

2.2.1 *Selbstverständnis und Anspruch der Filmemacher*

Zunächst kommt Nichols zu dem Schluss, dass sich die meisten Filmemacher eher der Darstellung der faktischen als der imaginären Welt verschrieben hätten. Da sie den Anspruch teilten, ihr Thema auf vernünftige und faire Art und Weise darzustellen, gehöre eine ausführliche Recherche und die neutrale Betrachtung eines Sachverhalts genauso zu den Leitprinzipien eines Dokumentarfilmers wie die Einhaltung moralischer und ethischer Grundsätze. Damit kämen die Filmemacher auch den Erwartungen des Publikums nach, das einem Dokumentarfilm mit der allgemeinen Erwartung gegenüber trete, durch ihn einen Zugang zu Fakten und Hintergründen zu erhalten.

2.2.2 *Darstellungsformen der Filme*

Anschließend analysiert Nichols den Dokumentarfilm auf der Textebene und arbeitet so sechs verschiedene Darstellungsformen und die von ihnen verwendeten Codes und Konventionen heraus. In seiner Typologie stehen die verschiedenen Modi stellvertretend für die geschichtlichen Entwicklungsstufen des Dokumentarfilms. Obwohl sich diese verschiedenen Repräsentationsformen oftmals überschnitten, sei innerhalb einer Entwicklungsstufe meist immer nur ein Modus dominant.[53]

---

[50] Vgl. Hohenberger 1998, 8
[51] Vgl. dazu exemplarisch Reclams Sachlexikon des Films. 2002, S. 124.
[52] Vgl. Nichols 1991, 14ff
[53] Vgl. Nichols 1991, 153

1) Poetischer Modus

Der poetische Modus entwickelt sich in den 1920er Jahren und ist stark von der Avantgarde-Bewegung beeinflusst. Aus der Intention heraus, eine bestimmte Stimmung beim Rezipienten zu erzeugen, dominiert hier stets die Ästhetik des Gezeigten. Kennzeichnend für den poetischen Modus ist die fragmentarische Darstellung der subjektiven Wahrnehmung des Künstlers.[54]

2) Erklärender Modus

Zu diesem Modus zählt Nichols in erster Linie Filme aus den 1930er Jahren, wie die von John Grierson und Robert Flaherty. Diese Filme werden auch als ‚klassischer Erklärdokumentarismus' bezeichnet. Sie zeichnen sich durch eine sog. ‚Voice of God'[55] aus, d.i. eine scheinbar allwissende Erzählerstimme, die das Geschehen aus dem Off heraus kommentiert und den Zuschauer direkt anspricht. Mit Hilfe von Archivmaterial und Expertenwissen sollen die Bilder und die Argumentation des Erzählers untermauert werden. Der Zuschauer soll also von einer bestimmten Sichtweise überzeugt werden, welche ihm gewissermaßen aufoktroyiert wird.

3) Beobachtender Modus

In den 1950er Jahren löst die beobachtende Darstellungsform die Form des klassischen Erklärdokumentarismus ab. Ausschlaggebend hierfür sind Fortschritte innerhalb der Kamera- und Tonaufnahmetechnik. Die Entwicklung von Handkameras und tragbaren Magnetbandaufnahmegeräten ermöglicht es den Filmemachern, an Originalschauplätzen zu drehen und Originalton aufzunehmen. Ihre Maxime ist nun nicht mehr die Erklärung und Interpretation der gezeigten Welt, sondern ihre Beobachtung und Beschreibung. Auf diese Weise glauben sie einen direkten und unverstellten Zugang zur Realität zu haben, die es lediglich mit der Kamera einzufangen gelte.[56] Jegliche Inszenierung wird vermieden, keine Einstellung wird nachgestellt oder wiederholt. Die Filmemacher, die sich dem Stil dieses sog. ‚Direct-Cinema' verschrieben haben, arbeiteten ohne Drehbuch oder Script, agieren stets spontan und vermeiden die direkte Kommunikation mit den

---

[54] Vgl. Nichols 2001, 105
[55] Vgl. Koebner 2002, 127
[56] Vgl. Roth 1982, 9f

Akteuren. Auch Interviews sind verpönt, denn der „[...] observational mode stresses the nonintervention of the filmmaker".[57]

4) Interaktiver/ eingreifender Modus

Der Interaktive Modus ist nach Nichols der in den 1960er und 1970er Jahren vorherrschende Modus des Dokumentarfilms. Er hat seinen Ursprung in der Frauenbewegung und den politischen Protesten seit 1968. In diesem Modus wurden wieder verstärkt Interviews eingesetzt, man orientierte sich an der geschichtswissenschaftlichen Methode der ‚Oral History', wonach mündliche Erinnerungsinterviews mit beteiligten Personen aufgezeichnet werden, die ihre subjektiven Wahrnehmungen und Meinungen bezüglich vergangener Ereignisse oder Prozesse zum Ausdruck bringen.[58] In diesem Modus wird der Zeitzeuge und die verbale Schilderung seiner Geschichte zur zentralen Figur. Seine Äußerungen werden zur Kommentierung des Gezeigten eingesetzt und ersetzen die ‚Voice of God' des Erklärenden Modus, „dessen einziger Kommentar sich jetzt auf mehrere Stimmen verlagert".[59] Oft werden diese Kommentare der sog. ‚Talking Heads' durch Archivaufnahmen, Diagramme oder historische Fotos unterstützt.

Der Filmemacher nimmt im Interaktiven Modus nicht länger die Rolle des unbeteiligten Beobachters ein, sondern wird in die Handlung miteinbezogen. In Frankreich kommt das Cinéma Vérité auf, das über die Provokation gegenüber dem Sujet eine direkte Interaktion zwischen Filmemacher und Gefilmtem herstellt. In diesem Zusammenhang ist auch die von Jean Rouch entwickelte Methode der Ciné Trance zu nennen, die dem Filmemacher als Mittel zur Annäherung an die Wirklichkeit dient.[60]

5) Reflexiver Modus

In den 1980er Jahren vollzieht sich eine Art Umbruch im Dokumentarfilm-Genre. Der neu aufkommende reflexive Dokumentarfilm zweifelt grundsätzlich am Objektivitätsanspruch und am Realitätsgestus des dokumentarischen Genres und fokussiert das Verhältnis von Film und Zuschauer. In ihm wird die Referenz zur nichtfilmischen Realität deutlich erkennbar. Die Filmemacher haben einen selbstreflexiven Ansatz und sind sich des konstruierenden und subjektiven

---

[57] Nichols 1993, 38
[58] Vgl. Geppert 1994, 313
[59] Hohenberger 1988, 130
[60] Vgl. Pszola 2010, 10f

Charakters des Dokumentarfilms bewusst.[61] Der reflexive Dokumentarfilm ist somit immer auch eine Art Meta-Kommentar über die dokumentarische Form an sich:

> *„Rather than following the filmmaker in her engagement with other social actors, we now attend to the filmmaker's engagement with us, speaking not only about the historical world but about the problems and issues of representing it as well".*[62]

6) Performativer Modus

Dieser Modus, der ebenfalls in den 1980er Jahren aufkommt, ist schwer zu fassen und wird auch von Nichols nur wage beschrieben. So werden die Filme dieses Modus' oftmals *„eher als Spiel- oder Experimentalfilme – und weniger als Dokumentarfilme"*[63] wahrgenommen.

Aufgrund des neuen Objektivitätsanspruchs in den sogenannten reflexiven und performativen Darstellungsformen, zählen Roscoe und Hight lediglich den zweiten, dritten und vierten Modus zum sogenannten *„classic objective argument"*, also zur klassischen dokumentarischen Form, die nach wie vor dem Allgemeinverständnis von Dokumentarfilm zugrunde liegt.[64] Daher ist es auch nicht verwunderlich, dass Mockumentaries in der Regel die filmischen Mittel dieser drei Modi imitieren.

2.2.3 Erwartungshaltung des Publikums

> *„Our fundamental expectation of documentary is that its sounds and images bear indexical relation to the historical world. As viewers we expect that what occurred in front of the camera has undergone little or no modification in order to be recorded on film and magnetic tape."*[65]

Demnach trete der Rezipient dem Dokumentarfilm mit der Erwartungshaltung gegenüber, den Beweis für tatsächlich stattgefundene Ereignisse geliefert zu bekommen, die kaum oder gar nicht durch Kamera oder Tonaufnahmegerät modifiziert wurden. Selbst wenn er an der Richtigkeit einer Darstellung zweifele, wisse er doch, dass sie sich auf die reale Welt bezieht. Nichols bezeichnet diese

---

[61] Vgl. Nichols 1995, 64
[62] Nichols 2001, 125
[63] Nichols 1995, 151
[64] Vgl. Roscoe/ Hight 2001, 21
[65] Nichols 1991, 27

Haltung des Rezipienten auch als „*oscillation [...] between a recognition of historical reality and their cognition of an argument about it*".[66]

Woran aber erkennt der Rezipient, dass es sich um einen Dokumentarfilm handelt? Die Skizzierung der dokumentarischen Darstellungsformen hat gezeigt, dass es gewisse filmische Strategien und Codes gibt, die im Dokumentarfilm immer wieder eingesetzt werden. Durch jahrelange Seherfahrung haben sich sie Zuschauer an diese gewöhnt. Die Gewohnheiten haben sich schließlich zu Konventionen manifestiert, „*[...] die als veränderbare kulturelle Konventionen am Ende zu Stilmitteln und damit als kalkulierbar ästhetische Strategien unterschiedlich einsetzbar werden.*"[67]

Indem der Eindruck von „Echtheit" und „Glaubwürdigkeit" erzeugt wird, wird beim Zuschauer eine Assoziation zwischen Realem und Gezeigtem hergestellt und seiner Erwartungshaltung gegenüber dem Dokumentarfilm entsprochen.

2.3   Inszenierung von Authentizität

Auf den ersten Blick erscheint die *Inszenierung von Authentizität* als Widerspruch in sich, werden die beiden Begriffe doch oft als gegensätzliche Konzepte verstanden. Was inszeniert ist, könne nicht authentisch sein und was authentisch ist, benötige keine Inszenierung. So wird mit der Inszenierung die Vorstellung beabsichtigten Handelns und geplanter Effekte auf ein etwaiges Publikum verbunden, während das Authentische aus sich heraus zu bestehen scheint und keiner Kreativität bedürfe.[68] Der Begriff der *Authentizität* besitzt fast immer eine positive Konnotation und wird mit Echtheit, Natürlichkeit und Glaubwürdigkeit verbunden.[69] Seine Bedeutung ist vielschichtig und kann im Film-Kontext auf zwei verschiedene Weisen interpretiert werden:

> *1) „Authentisch bezeichnet die objektive ‚Echtheit' eines der filmischen Abbildung zugrunde liegenden Ereignisses. Mit dem Verbürgen eines Vorfalls als authentisch wird impliziert, dass eine Sache sich so ereignet hat, ohne dass die filmische Aufnahme den Prozess beeinflusst hätte. Die Authentizität liegt in der Quelle begründet.*"[70]

---

[66] Ebd., 28

[67] Hickethier 2001, 192

[68] Vgl. Hattendorf 1999, 67ff

[69] Vgl. Schultz 2003, 12

[70] Hattendorf 1999, 67

Hier wird der sogenannte ‚Abbildrealismus' beschrieben, der in ontologischer Manier die nichtfilmische Realität mit ihrer filmischen Wiedergabe gleichsetzt. Das als authentisch bezeichnete Ereignis ist demnach ‚echt', also weder vom Filmemacher, noch von Kamera oder Schnitt beeinflusst.

Nach konstruktivistischer Auffassung geht es bei Authentizität dagegen nicht um den Abgleich mit einer nichtfilmischen Realität, sondern vielmehr um die Vermittlung von „Echtheit" und „Glaubwürdigkeit", die durch bestimmte filmische Mittel produziert werden kann. Hattendorf beschreibt

> 2) „Authentizität [als] ein Ergebnis der filmischen Bearbeitung. Die ‚Glaubwürdigkeit' eines dargestellten Ereignisses ist damit abhängig von der Wirkung filmischer Strategien im Augenblick der Rezeption. Die Authentizität liegt gleichermaßen in der formalen Gestaltung wie der Rezeption begründet."[71]

In diesem Zusammenhang nennt er fünf Typen der dokumentarischen Authentisierung eines Films[72]:

1. Durch die *Dominanz des Wortes* wird die gezeigte Welt ‚erklärt' und in ihren Bedeutungen festgelegt

2. Durch die *Dominanz der Bilder* wird auf eine ‚unmittelbare' Wirkung des Gezeigten gesetzt und eine Lenkung durch Kommentare vermieden, wobei die Auswahl des Gezeigten von Intentionen des Zeigens bestimmt wird.

3. Ein *ausgewogenes Verhältnis von visuellen und verbalen Zeichen* und die Akzentuierung durch eine reflexive Grundhaltung (Prototyp Essayfilm) versucht auch Phänomene und Prozesse zu visualisieren, die sich einer unmittelbaren Wiedergabe entziehen („so ist es, so ist es gewesen").

4. *Rekonstruierende Inszenierung:* Durch eine Kompilation vieler Archivmaterialien, der grafischen Rekonstruktion mittels Trickaufnahmen, einem szenischen Re-enactment und einem Einsatz verfremdender Inszenierungsmittel wird ein historisches Ereignis rekonstruiert („so könnte es gewesen sein").

5. *Metadiegetische Inszenierung:* Durch reflexive Einschübe und eine Selbstthematisierung der filmischen Instanz können sowohl Subjektivierungen als auch Objektivierungen erfolgen.

---

[71] Hattendorf 1999, 67
[72] Vgl. ebd., 312

2.4 Exkurs: Fälschung oder Fake?

Dokumentar- und Spielfilm haben sich im Laufe der Geschichte des Films immer wieder aneinander angenähert und sich gegenseitig befruchtet. Ein Ergebnis davon ist die Mockumentary. Der Unterschied zur Fälschung ist jedoch fließend und besteht lediglich in der Etikettierung.

Roscoe und Hight betonen, dass die verschiedenen Formen der Mockumentary mehr oder weniger deutlich auf ihre Fiktionalität hinweisen.[73] Indem die Mockumentary bestimmte Lektüreanweisungen impliziert, unterscheidet sie sich von der Fälschung. Doll bemerkt dazu:

> *„Der Fake ist eine Sonderform des Fälschens, bei der die Aufdeckung nicht wie beim Letzteren als akzidentiell, sondern als konstitutiv einzustufen ist, d.h. im Gegensatz zur Fälschung, deren Zielsetzung in der möglichst perfekten Vermeidung der Entdeckung zu sehen ist, sind beim Fake der Zeitpunkt der Enttäuschung und die daraus folgenden möglichen Effekte von vornherein mitentworfen."*[74]

Nachfolgend wird der kleine, aber entscheidende Unterschied zwischen der Fälschung und dem von der Mockumentary verwendeten Fake anhand eines Beispiels erläutert.

2.4.1 *Beispiel: Die Born-Affäre*

Um das zunehmende Sensations- und Unterhaltungsbedürfnis vieler Redaktionen zu befriedigen, erfand Michael Born in den 1990er Jahren spektakuläre Geschichten und inszenierte sie mit Laiendarstellern vor der Kamera. Er verkaufte rund 30 Fernsehbeiträge sowohl an private als auch an öffentlich-rechtliche Magazine. Themen waren beispielsweise Kindersklaven, die in Indien für Ikea Teppiche knüpften, ein angebliches Ku-Klux-Klan-Treffen in der Eifel oder ein Froschsekret als Droge. Nicht etwa den Sendern, sondern einem Polizisten fiel auf, dass dieselben Protagonisten in verschiedenen Stücken auftauchten.[75] Dem „Kujau[76] des Fernsehens" wurde der Prozess gemacht. Die Staatsanwaltschaft warf ihm vor, 32 Beiträge gefälscht zu haben, 16 konnten ihm eindeutig nachgewiesen werden.[77] Nach eigenen Angaben begann alles damit, dass er zu seiner eigenen Sicherheit reale Kriegsberichte mit Archivaufnahmen von

---

[73] Roscoe/ Hight 2001, 100, 131, 160
[74] Doll 2005, 153
[75] Vgl. Hoffmann 1997, 13
[76] Konrad Paul Kujau war Maler, Kunstfälscher und Aktionskünstler, er wurde 1983 als Fälscher der Hitler-Tagebücher bekannt.
[77] Vgl. Hoffmann 1997, 13

Explosionen versah. Hier bemerkte er zum ersten Mal, dass dieses Material nur sehr oberflächlich geprüft wurde, worauf er begann, diese Methode auch bei anderen Reportagen anzuwenden, da es ihm zu gefährlich schien, sie tatsächlich zu drehen. In dem medienwirksamen Prozess in Koblenz verteidigte Born sich damit, dass das Fernsehen auf dem Weg vom *Infotainment* zur *Infofiction* sei.[78] Der Kick müsse inszeniert werden, denn das Fernsehen tauge nicht zur Information. Born war einer der letzten prädigitalen Fälscher, der die jeweiligen Situationen noch vor der Kamera inszenierte. Er wurde 1996 zu einer Haftstrafe von vier Jahren verurteilt.[79]

Wenn Born sich jedoch daran gehalten hätten, durch eine simple Einblendung des Schriftzuges „nachgestellt" die entsprechenden Sequenzen zu kennzeichnen und so den Zuschauern seine Herangehensweise transparent zu machen, wäre die Ausstrahlung unproblematisch gewesen. Bei diesem Beispiel – und es gibt noch wesentlich mehr, die nachgewiesen sind – handelte es sich eindeutig um Fälschung, die eigentlich nicht enttarnt werden sollte und deshalb zu juristischen Ermittlungen führte.

Die zentrale Frage lautet also, zu welchem Zweck ‚betrogen' wird. Soll der Betrachter eines Dokumentarfilms durch ‚Fälschung' getäuscht und desinformiert, also aus strategischen Gesichtspunkten hinters Licht geführt werden, wie es Kriegspropaganda beispielsweise stets intendiert hat? Oder gibt sich die ‚Fälschung' im Film selbst als solche zu erkennen, betreibt der Filmemacher ein Spiel mit dem Zuschauer, an dem dieser auch ausdrücklich beteiligt ist?

---

[78] Vgl. Hoffmann 1997, 13
[79] Vgl. ebd.

3 Strategien und Intentionen der Mockumentary

Wie im vorangehenden Kapitel expliziert wurde, können Dokumentarfilmcodes und dokumentarische Authentisierungsstrategien den Zuschauer auch von falschen Informationen überzeugen. Diese spezifischen Codes und Strategien, die sich im Laufe der Filmgeschichte entwickelt und über die Jahre etabliert haben, dienen dem Zuschauer als Richtschnur und bestimmen seine Lesart eines Films. Auf welche Weise und zu welchem Zweck die Mockumentary die Lesart eines Dokumentarfilms etabliert, wird nachfolgend untersucht.

Innerhalb der Geschichte des Films gab es schon früh Versuche, den Zuschauer davon zu überzeugen, dass es sich bei dem vorliegenden Film und ein Dokument der Wirklichkeit handele. Heute ist der Rezipient diese Strategien jedoch gewöhnt, Authentizität ist zum Produkt geworden.[80] So gibt es mittlerweile viele künstlerische Formen, die immer noch ein kleines bisschen authentischer sein wollen als andere, die, wie Jan Berg meint *„geradezu schwitzen vor Anstrengung"*[81] authentisch zu sein. Mockumentaries machen sich über diese Anstrengungen vieler Filmemacher und die vorgespielte Authentizität ihrer Filme geradezu lustig.

Zur Offenbarung ihres fiktionalen Charakters, beinhalten Mockumentaries entsprechende Lektüreanweisungen. Je nach dem, welcher der von Roscoe und Hight beschriebenen Modi eine Mockumentary zugerechnet werden kann, variiert der Zeitpunkt dieser Offenbarung. So wird der fiktionale Charakter in manchen Filmen unmittelbar, bei anderen dagegen erst im Laufe des Films oder aber auch außerhalb der filmischen Realität deutlich. Bis zu diesem Zeitpunkt wird die Mockumentary als Dokumentation wahrgenommen. Dies erreicht sie, indem sie zahlreiche Codes des Dokumentarischen und diverse Authentisierungsstrategien integriert. Im dritten Kapitel wurden die verschiedenen Repräsentationsmodi des Dokumentarfilms nach Bill Nichols und die unterschiedlichen Typen der dokumentarischen Authentisierung nach Manfred Hattendorf erläutert. Demnach gibt es spezifische, immer wieder kehrende filmische Gestaltungsmittel in Dokumentarfilmen. Um authentisch zu wirken, imitieren Mockumentaries diese Gestaltungsmittel.

---

[80] Vgl. Knaller/ Müller 2006
[81] Berg 2001, 61

„Unter Authentisierungsstrategien werden hierbei filminterne pragmatische Markierungen verstanden, die den Rezipienten in einem Spektrum impliziter oder expliziter Appelle dazu auffordern, einen ›Wahrnehmungsvertrag‹ mit dem jeweiligen Film zu schließen.. "[82]

Angelehnt an Eva Hohenbergers Realitäts-Konzept, Bill Nichols Typologisierung dokumentarischer Darstellungsformen und Manfred Hattendorfs Kategorisierung dokumentarischer Authentisierungsstrategien habe ich im Folgenden besonders häufig vorkommende (Pseudo-) Authentisierungsstrategien der Mockumentary herausgearbeitet. Diese werden im sechsten Kapitel anhand einiger Filmbeispiele veranschaulicht.

3.1 (Pseudo-) Authentisierungsstrategien der Mockumentary

Wie im dritten Kapitel erläutert wurde, erzeugt ein Film immer eine eigene Realität. Innerhalb dieser Realität kann es Aussagen über den Film selbst (Selbstreferenz/ Metadiegetische Inszenierung) oder über andere Medien und die wirkliche Welt, also die nichtfilmische Realität (Fremdreferenz) geben:

> *„Diese Aussagen dienen der Selbstkontrolle und der Vorführung von Prüfungsinstanzen, welche die Aussage des Films authentisieren, denn auch der Film erzeugt eine in sich geschlossene Struktur und reagiert nur mehr auf das, was mit seiner eigenen Struktur vereinbar ist. Durch die Unterscheidung von Fremdreferenz und Selbstreferenz innerhalb eines Systems wird erst Realität generiert.* "[83]

In einer Mockumentary kommt <u>Selbstreferenz</u>[84] sowohl in expliziter, wie auch in impliziter Form häufig zum Einsatz.

Explizit sollen beispielsweise Sätze wie *„Dieser Dokumentarfilm [...]"* auf den angeblichen dokumentarischen Charakter einer Mockumentary verweisen. Sie sind in Mockumentaries nicht selten zu finden und stellen meist eine satirische oder kritische Anspielung auf den Wirklichkeitsanspruch des Dokumentarfilms dar.

Indem die Mockumentary, genau wie der Dokumentarfilm, durch verschiedene Strategien eine Beziehung zwischen der filmischen und der vorfilmischen Realität herstellt, bezieht sie sich implizit auf ihre eigene filmische Realität. Sie nimmt den Zuschauer scheinbar mit in die vorfilmische Realität, lässt ihn vermeintlich teilhaben am Prozess der Entstehung und vermittelt ihm so ein authentisches

---

[82] Hattendorf 1999, 311
[83] Edthofer 2008, 243
[84] Vgl. Tab. 7

„Behind the scenes"- Gefühl. Immer wieder ist daher <u>Filmequipment oder das Filmteam im Bild</u>[85] zu sehen, dem Zuschauer wird gleichsam die Perspektive des Kameramanns präsentiert. Es kommen Amateurkameras zum Einsatz, deren Bilder oft unscharf und verwackelt sind, wodurch ein authentisch wirkender Look inszeniert wird. Der Zuschauer sieht das Geschehen beispielsweise mit den für DV-Kameras typischen Einblendungen wie Timecode, Akkuleistung, Aufnahmeformat, oder Datum und Uhrzeit. Auf diese Weise soll beim Zuschauer eine <u>Bewusstmachung der Existenz einer Kamera</u>[86] erreicht werden.

> *„Prinzipiell resultiert aus dieser deutlich sichtbaren Anwesenheit der Kamera (oder umfassender: des gesamten Produktionsapparats) ein Arsenal bestimmter Signale, die dem Zuschauer anzeigen, ein reales Ereignis vermittelt zu bekommen. [...] Indem der Rezipient die Anwesenheit des vermittelnden Apparates vor Augen geführt bekommt, sieht er sich in die Lage versetzt, jenen ‚Anteil der Vermittlung' aus dem gesamten Zeichen herauszufiltern und so auf ein ‚pures Geschehen' zu schließen, dem er einen von der Vermittlungsinstanz unabhängigen Status zubilligen kann. Es ist also gerade die Anwesenheit des filmischen Apparates, das ein filmisch vermitteltes Geschehen glaubhaft, authentisch macht. Die Kamera greift durch ihre Anwesenheit in ein Geschehen ein, markiert aber diesen Eingriff und wird so zum Garanten der Wahrhaftigkeit."*[87]

Doch die Mockumentary bezieht sie sich nicht nur auf ihre eigene filmische Realität, sondern auch auf die des Dokumentarfilms im Allgemeinen, indem sie die verschiedenen Repräsentationsmodi des Dokumentarfilms imitiert.

Der <u>Einsatz eines Sprechers</u>[88] ist beispielsweise seit vielen Jahren ein beliebtes Mittel des dokumentarischen Films, um Zusammenhänge zu erläutern und das Gezeigte zu erklären: *„Durch die Dominanz des Wortes wird die gezeigte Welt ‚erklärt' und in ihren Bedeutungen festgelegt"*[89] So ist der Rezipient seit dem Aufkommen des *klassischen Erklärdokumentarismus* in den 1930er Jahren daran gewöhnt durch einen Sprecher in seiner Wahrnehmung gelenkt zu werden, bestimmte filmische Zeichen, wie der <u>Off-Kommentar in der Wir-Form</u>[90] oder der <u>Reporter vor der Kamera</u>[91] haben daher Signalcharakter für ihn:

> *„Die Authentisierung durch sprachliche Gestaltung in Dokumentarfilmen hängt von dem jeweils unterschiedlichen Rahmen ab, in welchen die*

---

[85] Vgl. Tab. 9, Tab. 20
[86] Vgl. Tab. 11, Tab. 21
[87] Borstnar/ Pabst/ Wulff 2008, 42
[88] Vgl. Tab. 4
[89] Hattendorf 1999, 312
[90] Vgl. Tab. 4
[91] Vgl. Tab. 5

sprachlichen Äußerungen eines Films kontextuell eingebettet werden. Einfache Zeichen wie ‚Reporter vor der Kamera' oder Off-Kommentar in der ‚Wir-Form' haben Signalcharakter für den Zuschauer. Die Gattungserwartungen des Publikums wiederum sind bedeutsam für die Rezeption und damit auch für das Anerkennen des jeweils als authentisch signalisierten Bild- und Tonmaterials in den verschiedenen Filmen. "[92]

Als Mittel der dokumentarischen Authentisierung spielt der Einsatz eines Sprechers aus diesem Grund für Mockumentaries eine zentrale Rolle. Sprache wird darüber hinaus auch in Form von Texteinblendungen[93] herangezogen. Diese können der Einführung in das Thema oder der Vorstellung von Orten und Interviewpartnern dienen.

In der Manier des *interaktiven Modus'* kommen neben dem Sprecher auch Experten und Zeitzeugen[94] zu Wort, um den Rezipienten von der Echtheit eines Sachverhalts zu überzeugen. In Orson Welles Film F FOR FAKE! erklärt der Sprecher, *„Experten wären die Orakel der Neuzeit [...]. Sie sprechen mit der absoluten Autorität des Computers. Was sie zu kennen vorgeben, kennen sie kaum mehr als oberflächlich. Trotzdem verneigen wir uns vor ihnen. Sie sind ein Gottesgeschenk für den Fälscher. "[95]* Indem der Filmemacher gestellte Interviews einfügt, greift er nicht nur verändernd in die reale Situation ein, sondern stülpt ihr auch noch fernseheigene Muster auf: Arrangierte Szenarien, Kunstlicht, Requisiten, Zeugenschaften im ästhetisch ansprechenden Umfeld.[96] Anstatt Interviews nachzustellen, verwenden viele Filmemacher auch sogenanntes ‚Found-Footage'-Material[97], also bereits existierendes Filmmaterial, aus dem dann Aussagen meist berühmter Persönlichkeiten bzw. deren Kommentare zu Ereignissen der Zeitgeschichte in einem völlig anderen Sinnzusammenhang zusammengeschnitten werden.

Die dokumentarische Darstellungsform des *beobachtenden Modus* wird häufig eingesetzt, um politische oder soziale Ereignisse, während sie sich ereignen, aufzuzeichnen. Mockumentaries, die diese Form imitieren, werden daher bevorzugt an ‚Originalschauplätzen' mit ‚Originalton' und bei natürlichem Licht gedreht. Dadurch und durch die Präsentation von ‚Beweisobjekten', wie z.B.

---

[92] Hattendorf 1999, 141
[93] Vgl. Tab. 8
[94] Vgl. Tab. 13
[95] Römer 2001, 22
[96] Vgl. Marchal 1996, 247
[97] Vgl. Tab. 14

‚historischen Dokumenten'[98], wird eine Verbindung zu Ereignissen des Zeitgeschehens der nichtfilmischen Wirklichkeit hergestellt.

Ein direkter Bezug zur Wirklichkeit, also zur nichtfilmischen Realität, kann in Mockumentaries beispielsweise über den Einsatz von Archivmaterial oder Re-Enactments[99] erfolgen. Mit Archivmaterial sind Filme und Fotos gemeint, die v.a. in vergangenen Zeiten als Abbilder der Wirklichkeit dienten und noch heute als authentisch wahrgenommen werden. Im Dokumentarfilm wird Archivmaterial daher oft herangezogen, um Authentizität zu unterstreichen:

> *„Durch eine Kompilation vieler Archivmaterialien, der grafischen Rekonstruktion mittels Trickaufnahmen[100], einem szenischen Reenactment und einem Einsatz verfremdender Inszenierungsmittel wird ein historisches Ereignis rekonstruiert („so könnte es gewesen sein")".[101]*

Für die Mockumentary stellt dieses Material ein großes Potenzial dar. Es kann sich nämlich sowohl um gefälschte Aufnahmen handeln, wie auch um echtes Material, das zugunsten der Dramaturgie der Mockumentary abgeändert und in vielen Fällen sogar sinnentstellt zusammengeschnitten wird. Die Mockumentary kann unter dem Deckmantel des Dokumentarfilms auf diese Weise historische Ereignisse entweder neu erfinden oder aber nur einige Fakten abändern. Auch wenn es sich um erfundene Geschichte handelt, ist ein historischer Bezug[102] wichtig, um authentisch zu wirken. Wenn dem Rezipienten klar ist, was fiktiv ist und was nicht, kann die Mockumentary einen Beitrag zur Aufzeichnung der Geschichte leisten, wenn dies auch freilich nicht ihr vordergründiges Anliegen ist.

3.2 Die ‚Mock-docness' der Mockumentary

Bisher wurde deutlich, dass es sich bei einer Mockumentary um ein Filmgenre handelt, das die dokumentarische Form nutzt, um einen fiktiven Inhalt zu transportieren. Sie etabliert beim Rezipienten eine dokumentarische Lesart, um sie an anderer Stelle wieder zu brechen. Doch warum und auf welche Weise tut sie dies? Oder um es mit Notebooms Worten aus dem Eingangszitat zu sagen: Welchen Sinn hat es, eine erdachte Wirklichkeit noch neben die bestehende zu stellen?

---

[98] Vgl. Tab. 16
[99] Vgl. Tab. 6
[100] Vgl. Tab. 17, Tab. 24
[101] Ebd., [Hervorh. d. Verf.]
[102] Vgl. Tab. 18, Tab. 23

Durch das Verwirrspiel aus Wahrheit und Täuschung, aus Fiktivem und Authentischem, verunsichert die Mockumentary den Rezipienten und macht es ihm unmöglich in die filmische Wirklichkeit einzutauchen. Er bleibt also stets in einer gewissen Distanz zum Film. Dies kann unterschiedliche Auswirkungen haben. Je nach Film und Rezipient spielt dieser entweder augenzwinkernd mit und wird durch den Film belustigt oder er beginnt, sich mit dem Gesehenen kritisch auseinanderzusetzen bzw. womöglich das dokumentarische Genre an sich zu hinterfragen. Angelehnt an Bill Nichols Typologie des Dokumentarfilms[103] haben Roscoe und Hight ein Schema entwickelt, das drei idealtypische Formen der Mockumentary unterscheidet – und zwar anhand des Grades ihrer *„mock-docness"*. Jene ergibt sich aus dem Zusammenwirken folgender drei Kriterien[104]:

1) Intention des Filmemachers
2) Ebene des filmischen Textes/ Art der Aneignung dokumentarischer Codes und Konventionen
3) Position bzw. Rolle des Zuschauers/ Art der Reflexion, zu der der Zuschauer ermutigt wird.

---

[103] Vgl. Kap. 2.2
[104] Vgl. Roscoe/ Hight 2005, 230ff

Zur besseren Übersicht der von Roscoe und Hight vorgeschlagenen Kategorisierung, wird hier die Tabelle aus ihrem Buch „*Faking It*" übersetzt:

	Intention des Filmemachers	*Art der Aneignung dokumentarischer Codes*	*Rolle des Zuschauers*
Grad 1: *Parodie*	Die Parodie und die eindeutige Verstärkung eines Aspekts der Populärkultur.	Die ‚wohlwollende' oder ‚unschuldige' Aneignung der Dokumentarfilmästhetik. Die klassische objektive Machart wird als Zeichen für Rationalität und Objektivität akzeptiert.	Wertschätzung der Parodie auf die Kultur und die Aneignung des beliebten Mythos der Nostalgie um den traditionellen Dokumentarfilm. Kritischere Zuschauer sind in der Lage die latente Reflexivität dieser Form zu erkennen.
Grad 2: *Kritik*	Die dokumentarische Form wird herangezogen, um einen Aspekt der zeitgenössischen Kultur zu kritisieren.	Ambivalente Aneignung der Dokumentarfilmästhetik. Es herrscht eine Spannung zwischen expliziter Kritik der dokumentarischen Praktiken und impliziter Akzeptanz der generischen Codes und Konventionen.	Wertschätzung der Parodie der zeitgenössischen Kultur. Variierende Grade der Reflexivität gegenüber dem dokumentarischen Genre.
Grad 3: *Dekonstruktion*	Kritik an einem Aspekt der populären Kultur. Subversion und Dekonstruktion des Tatsachenberichts und dessen Bezug zu dokumentarischen Codes und Konventionen.	‚Feindliche Übernahme' der Dokumentarfilmästhetik. Nachhaltige Kritik an den Annahmen und Erwartungen der ‚klassischen' dokumentarischen Repräsentationsmodi.	Verschiedene Reaktionen auf Aspekte des Dokumentarfilmgenres oder eine offene Einstellung zu Tatsachenberichten.

Tab. 2: Grade der Mockumentary[105]

3.2.1 Grad 1: Parodie

Mockumentaries der ersten Kategorie nutzen dokumentarische Codes, um Aspekte der populären Kultur zu parodieren. Sie funktionieren durch den „*contrast between the rational and irrational, between a sober form and absurd or comic subject.*"[106] Das irrationale und absurde Subjekt (d.h. ein komischer Inhalt) steht also in einem offensichtlichen Kontrast zur Ernsthaftigkeit und Nüchternheit (d.h. einer seriösen Form) seiner Darstellung. Die Filme, die dieser

---

[105] Vgl. Roscoe/ Hight 2001, 73
[106] Ebd., 68

ersten Kategorie zugeordnet werden können, sind vergleichsweise mild und zurückhaltend in ihrer Kritik gegenüber dem dokumentarischen Genre. Sie lassen ihren fiktionalen Charakter eindeutig erkennen und dienen in erster Linie der Erzeugung humorvoller Momente. Beispielsweise parodieren die Filme dieses ersten Grades oft kulturelle Ikonen oder sonstige kulturelle Ereignisse. Zu den Mockumentaries des ersten Grades lassen sich beispielsweise Ethno-Parodien wie DAS FEST DES HUHNES oder auch BORAT – KULTURELLE LERNUNG VON AMERIKA UM BENEFIZ FÜR GLORREICHE NATION VON KASACHSTAN ZU MACHEN zählen. Da auch Lachen einen durchaus subversiven Charakter besitzen kann und die Filme des ersten Grades somit ein gewisses Potential der reflexiven und kritischen Lesart in sich tragen können, ist der Übergang zum zweiten Grad oft fließend.

3.2.2 Grad 2: Kritik

Mockumentaries des zweiten Grades sind in der Regel satirischer als die des ersten Grades und unterscheiden sich von diesen unter anderem darin, dass *„they begin to engage more explicitly with the mock-documentary form's latent reflexivity towards factual codes and conventions.“*[107] Roscoe und Hight bezeichnen diese Form als ambivalent, da sie sich zum einen dokumentarischer Darstellungskonventionen bedient, zum anderen aber explizite Kritik an diesen übt. Trotz ihres zwiespältigen Umgangs mit den dokumentarischen Konventionen, ist ihr Grad der Reflexivität, der „Mock-docness", weit ausgeprägter als bei Filmen der ersten Kategorie. Die Zuschauer werden hier zur kritischen Auseinandersetzung und Reflexion aufgefordert. Waldmann beschreibt die Intention der Filme dieser Klasse folgendermaßen:

> *„Das Publikum sollte irritiert werden: Um die Zuschauer zu mehr als einer passiv-reflexionslosen Konsumhaltung zu bringen als bei den meisten Spielproduktionen, die a priori als Fiktion entschärft sind, haben die Autoren bewusst den Livestatus des Mediums für ihre Absichten okkupiert. Unter dem Anspruch, dieselbe Wirklichkeit zu zeigen, wie es die Übertragung eines Staatsbesuchs oder einer Weltmeisterschaft tut, wurde eine Fiktion verkauft, die mit ironischer Übertreibung und dramaturgischen Widersprüchlichkeiten den Hellhörigen ihren Fiktionscharakter durchaus nicht vorenthält und die anderen, die dem Medium blindlings zu glauben sich angewöhnt haben, mit Potenzierung der Brutalität herausfordert.“*[108]

---

[107] Ebd., 70
[108] Waldmann 1977, 162

Roscoe und Hight differenzieren innerhalb des zweiten Grades darüber hinaus zwischen Filmen, die Medienkritik üben und denen, die Kritik an politischen und kulturellen Themen üben.

In diese zweite Kategorie ordnen die beiden Autoren außerdem die sogenannten *hoaxes* ein. Dabei handelt es sich um Filme, die ihren fiktionalen Charakter weitgehend verschleiern und die dokumentarische Form ohne eindeutige Brechung bis zuletzt imitieren. Die Aufdeckung dieses Bluffs geschieht oft erst im Abspann, wenn die Namen der Schauspieler eingeblendet werden oder gar durch *„extra textual cues"*[109], etwa in Anmoderationen, Rezensionen oder Interviews und ist enorm wichtig, um das reflexive Potential einer Mockumentary auszuschöpfen: *„Audiences are initially encouraged, by the text itself and extra-textual events to adopt a factual mode of reading towards the text."*[110]

3.2.3 Grad 3: Dekonstruktion

Den dritten Grad beschreiben Roscoe und Hight als ‚feindliche Übernahme' dokumentarischer Repräsentationsmodi. Auch wenn die Filme vordergründig ganz andere Themen behandelten, gehe es ihnen immer um eine grundlegende Kritik des dokumentarischen Genres, dessen Anspruch und Status.[111]

Im Unterschied zur zweiten Kategorie, intendieren die Filme der dritten Kategorie keineswegs nur eine Kritik einzelner Aspekte des Dokumentarfilms oder spezieller Dokumentarfilm-Subgenres, sondern die Dekonstruktion des gesamten Genres. Sie explizieren die latente Selbstreflexivität der Mockumentary, indem sie ein „Verwirrspiel"[112] mit dem Zuschauer treiben und ihre Fiktionalität zunächst bewusst verschleiern. Ihr Ziel besteht darin, das Publikum dazu zu bringen ein kritischeres Bewusstsein gegenüber dem klassischen Dokumentarfilm und dessen Behauptung, einen direkten und unvermittelten Zugang zur Realität liefern zu können, zu entwickeln.[113]

Es gibt darüber hinaus Mockumentaries, die sich nicht in das von Roscoe und Hight entwickelte Schema einordnen lassen. Diese Filme benutzen zwar die dokumentarische Ästhetik, sind aber weder Parodie noch Kritik, noch intendierte

---

[109] Roscoe/ Hight 2001, 72
[110] Ebd., 72
[111] Vgl. ebd. 72f.
[112] Zimmermann 2006, 99
[113] Vgl. Roscoe/ Hight, 160

Selbstreflexion des Genres. Filme, wie BLAIR WITCH PROJEKT (1999), CLOVERFIELD (2008) oder auch TROLLHUNTER (2010) stellen reine Genrefilme dar, die eine reportierende ‚*living camera*-Ästhetik' aus dramaturgischen oder ökonomischen Motiven heraus nutzen.

4 Filmbeispiele

In diesem Kapitel werden exemplarisch einige Mockumentarys vorgestellt, um zu verdeutlichen, mit welch unterschiedlichen Mitteln das Genre arbeitet, fallen doch sehr verschiedenartige Produktionen darunter. Allen gemein ist, dass sie direkt oder indirekt immer auch Aussagen über das dokumentarische Genre treffen. Auf welche Weise und mit welcher Intention sie dies tun, hängt vom Grad ihrer ‚Mock-docness' ab. Die Beispielfilme sind daher so gewählt, dass sie einen Querschnitt des breit gefächerten Genres der Mockumentary repräsentieren. Genau wie andere fiktionale Filme, bedient sich jede Mockumentary einer Vielzahl von filmischen Mitteln, die sie auf individuelle Art und Weise miteinander kombiniert. Zwar weist auch jede Mockumentary ihren eigenen, spezifischen Stil auf, weswegen eine eindeutige Kategorisierung nicht immer trivial ist, dennoch gibt es diverse Parallelen. So benutzen alle Filme dieses Genres bestimmte Strategien, um eine dokumentarische Lesart zu etablieren und Authentizität zu erzeugen.

Die verschiedenen Grade der Mock-docness einer Mockumentary und die von ihr genutzten Authentisierungsstrategien[114] wurden im dritten Kapitel auf theoretischer Ebene erläutert und werden nun anhand einiger Filmbeispiele veranschaulicht.

---

[114] Nachfolgend ist von (Pseudo-) Authentisierungsstrategien die Rade, da eine Mockumentary vom Zuschauer letztlich als fiktiv entlarvt werden will

4.1 Beispiel 1: DAS FEST DES HUHNES

Abb. 2: DVD-Cover von
DAS FEST DES HUHNES[115]

4.1.1 Daten, Stab und Besetzung

Regie	Walter Wippersberg
Originaltitel	DAS FEST DES HUHNES
Drehbuch	Walter Wippersberg
Kamera	Karl Benedikter
Schnitt	Reinhard Molterer
Produktion	ORF Landesstudio (Wolfgang Ainberger, Peter Wustinger)
Produktionsland	Österreich
Erscheinungsjahr	1992
Typ	Spielfilm
Genre	Mockumentary
Gesamtlänge	55 min
Drehort	Österreich
Besetzung	<ul><li>Frank Oladeinde</li><li>Klaus Fenzl</li><li>El Hadji Malick Cisse</li><li>Sprecher: Meinrad Nell</li></ul>
Auszeichnungen	Fernsehpreis der österreichischen Volksbildung

Tab. 3: Daten von DAS FEST DES HUHNES

4.1.2 Kurzinhalt

DAS FEST DES HUHNES suggeriert, eine Folge im Rahmen einer dokumentarischen Sendereihe des Fernsehsenders *All African Television* zu sein.

Ein schwarzafrikanisches Forschungsteam berichtet im klassischen Stil europäischer Dokumentationen über die Sitten und Gebräuche der in Oberösterreich ansässigen „Eingeborenen". Dabei stoßen die Forscher auf seltsame Rituale, die vorzugsweise in großen Zelten stattfinden. In deren Verlauf

---

[115] http://www.amazon.de/gp/product/images/B000XHABTA/ref=dp_image_0?ic=UTF8&n=290380&s=music,
20:01.2012, 22:30 h

wird literweise gelbliche, stark schäumende, Flüssigkeit aufgenommen und es werden massenweise gebratene Hühner verspeist. Die, für die Forscher völlig neuen, ethnologischen Erkenntnisse erscheinen ihnen anfänglich mysteriös und werden im weiteren Verlauf der Dreharbeiten als eine Abwandlung des Christentums zu einer Art Hühner-Religion interpretiert.

4.1.3 *Sequenzprotokoll*

Das der folgenden Analyse der (Pseudo-) Authentisierungsstrategien zugrunde liegende Sequenzprotokoll des Films findet sich im Anhang.

4.1.4 *(Pseudo-) Authentisierungsstrategien*

1) Einsatz eines Sprechers

In der Manier des sogenannten ‚Erklärdokumentarismus' des klassischen europäischen Dokumentarfilms führt in DAS FEST DES HUHNES ein Reporter den Zuschauer in der Art und Weise eines ‚Expeditionsleiters' in *„fremde Länder, fremde Sitten"*[116] ein und ‚erklärt' bzw. (fehl-)deutet dabei die gezeigte Welt. Er wird dabei durchgehend durch einen Off-Sprecher synchronisiert. Auch, wenn der Reporter nicht im Bild zu sehen ist, kommentiert er bzw. seine deutsche Synchronstimme stets das Gezeigt und dem Zuschauer wird nicht viel Platz für Interpretationen eingeräumt. Vielmehr wird er bevormundet, seine Wahrnehmung wird in Bahnen gelenkt und die Bedeutungszusammenhänge werden ihm vorgegeben. Durch die hier vorgestellte Dominanz des Wortes, wird der Dokumentarfilm, den Bill Nichols als ‚erklärenden Modus' beschreiben würde, nachgeahmt. Die für diesen Repräsentationsmodus typischen Signale, wie der stets in der ‚Wir-Form' formulierende Sprecher oder der Reporter vor der Kamera häufen sich. Zunächst wird sich dem Forschungsgebiet, ebenfalls wie im klassischen europäischen Dokumentarfilm, mit dem Flugzeug genähert. Das Gesehene wird im wahrsten Sinne des Wortes ‚von oben herab' kommentiert. Diese Haltung wird im Film durchgängig beibehalten, nachfolgend sind ein paar besonders augenfällige Beispiele aufgeführt.

---

[116] Texteinblendung in „Das Fest des Huhnes" (TC 00:00:10)

a) Off-Kommentar in der Wir-Form

Sequenz	N°2	N°7
Einstellung	00:02:20 – 00:02:31	00:22:14 – 00:22:40
Inhalt	Luftaufnahme eines typisch oberösterreichischen Dorfs.	Schnittfolge von Bildern von Gartenzwergen in Vorgärten
Entfernung	Totale	Nah
Perspektive	Vogelperspektive	Normalsicht
Kamerabewegung	Flug	Konstanter Punkt
Ton/ Sprache	Off-Sprecher: „Wir haben lange gezögert, ehe wir zum ersten Mal nach Europa aufbrachen und unsere Hoffnung auf Gewinn an ethnologischem Wissen war eher gering, gehört Europa doch zu den am besten dokumentierten Gebieten der Welt."	Off-Sprecher: „Oft findet man vor den Häusern der Oberösterreicher diese kleinen Statuetten, die unschwer als Objekte eines Ahnenkultes zu identifizieren sind. Da die Figürchen nicht, wie bei uns, stilisiert, sondern sehr naturalistisch ausgeführt sind, geben sie uns einen guten Eindruck vom Aussehen der Oberösterreicher in vergangenen Jahrhunderten."
Schrift/ Sprache	/	/
Musik/ Geräusche	Exotische Musik im Hintergrund	Sakraler Gesang im Hintergrund

Tab. 4: Off-Kommentar in der Wir-Form

b) Reporter vor der Kamera

Sequenz	N°8	N°7
Einstellung	00:25:35 – 00:25:55	00:19:05 – 00:19:50
Inhalt	Reporter Kayonga Kagame vor der Kamera. In typisch afrikanischer Kleidung befindet er sich in einem typisch oberösterreichischen Wohngebiet. Er hält ein Mikrofon in der Hand und doziert in afrikanischer Sprache über die ethnologische Bedeutung von Zäunen. Dabei wird er von einem Off-Sprecher synchronisiert.	Reporter Kayonga Kagame vor der Kamera. Er steht im Mittelgang einer Kirche; im Hintergrund ist ein gold-verzierter Altar zu erkennen. Er hält ein Mikrofon in der Hand und doziert zu den spirituellen Praktiken der Oberösterreicher.
Entfernung	Halbnah	Halbnah
Perspektive	Normalsicht	Normalsicht
Kamerabewegung	Konstanter Punkt	Konstanter Punkt
Ton/ Sprache	Off-Sprecher: „Mit der Verabsolutierung des Individuums scheint auch ein Phänomen zusammen zu hängen, das einem Afrikaner sofort auffällt, wenn er zum ersten Mal in die dichter besiedelten Gebiete der oberösterreicherischen Stämme kommt: Überall Zäune! Jeder grenzt sich vom anderen ab, jeder sucht sein Lebensglück für sich allein"	Off-Sprecher: „Mit den Bayern kam jedenfalls die heute noch gepflegte Religion ins Land, das in Abwandlungen auch uns Afrikanern nicht fremde Christentum. Wir befinden uns hier in einem christlichen Kulthaus. [...]"
Schrift/ Sprache	/	/
Musik/ Geräusche	/	/

Tab. 5: Reporter vor der Kamera

2) Archivmaterial

Um die Aussagen des Reporters bzw. des Sprechers zu unterstützen und einen vermeintlichen Verweis auf die nichtfilmische Realität zu geben, tauchen im Laufe des Films an zwei Stellen ‚Archivaufnahmen' auf. Da die Aufnahmen eine erstaunlich gute Qualität aufweisen, ist sehr zweifelhaft, ob es sich hierbei tatsächlich um Aufnahmen aus einem Archiv handelt. Naheliegender ist, dass sie gestellt wurden und ihnen nachträglich ein ‚Archiv-Look' verpasst wurde. Es wird suggeriert, dass der Reporter, der an einem alten Schneidetisch sitzt, die Archivaufnahmen abspielt. Daher ist im Hintergrund auch leise das Rattern einer Filmspule zu hören.

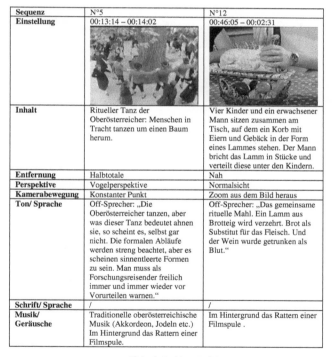

Sequenz	N°5	N°12
Einstellung	00:13:14 – 00:14:02	00:46:05 – 00:02:31
Inhalt	Ritueller Tanz der Oberösterreicher: Menschen in Tracht tanzen um einen Baum herum.	Vier Kinder und ein erwachsener Mann sitzen zusammen am Tisch, auf dem ein Korb mit Eiern und Gebäck in der Form eines Lammes stehen. Der Mann bricht das Lamm in Stücke und verteilt diese unter den Kindern.
Entfernung	Halbtotale	Nah
Perspektive	Vogelperspektive	Normalsicht
Kamerabewegung	Konstanter Punkt	Zoom aus dem Bild heraus
Ton/ Sprache	Off-Sprecher: „Die Oberösterreicher tanzen, aber was dieser Tanz bedeutet ahnen sie, so scheint es, selbst gar nicht. Die formalen Abläufe werden streng beachtet, aber es scheinen sinnentleerte Formen zu sein. Man muss als Forschungsreisender freilich immer und immer wieder vor Vorurteilen warnen."	Off-Sprecher: „Das gemeinsame rituelle Mahl. Ein Lamm aus Brotteig wird verzehrt. Brot als Substitut für das Fleisch. Und der Wein wurde getrunken als Blut."
Schrift/ Sprache	/	/
Musik/ Geräusche	Traditionelle oberösterreichische Musik (Akkordeon, Jodeln etc.) Im Hintergrund das Rattern einer Filmspule.	Im Hintergrund das Rattern einer Filmspule .

Tab. 6: Archivmaterial

3) Selbstreferenz

Der Film DAS FEST DES HUHNES bezieht sich wiederholt auf seine eigene filmische Realität, indem er suggeriert, eine Folge innerhalb einer Dokumentationssendereihe des Senders „All African Television" zu sein. Dies wird schon im Vorspann durch entsprechende Texteinblendungen expliziert und auch im Laufe des Films finden sich mehrere Kommentare des Off-Sprechers zum angeblichen Sendeformat.

Sequenz	N°2	N°4	N°13
Einstellung	00:01:11 – 00:01:44	00:03:34 – 00:03:40	00:54:25 – 00:54:37
Inhalt	Reporter Kayonga Kagame sitzt im Studio und gibt eine Einführung in das Forschungsthema.	Jeep des „All African Television"-Filmteams fährt durch oberösterreichische Landschaft	Wüstenlandschaft im Hintergrund, im Vordergrund als Bild im Bild Kayonga Kagame mit einer Kamera auf der Schulter.
Entfernung	Nah	Halbtotale	Nah/ Halbtotale
Perspektive	Normalsicht	Normalsicht	Normalsicht
Kamerabewegung	Zoom raus	Kamerafahrt parallel zum fahrenden Auto	Konstanter Punkt
Ton/ Sprache	Off-Sprecher: „Zum ersten Mal reisen wir für unsere Sendereihe nach Europa, ins Herz Europas. […]"	Off-Sprecher: „Unsere Stammseher wissen es schon, in den großen Städten halten wir uns nicht lange auf."	Off-Sprecher: „Schönen Abend und alles Gute bis zum nächsten Mal, wenn es wieder heißt: ‚Fremde Länder, fremde Sitten. Kayonga Kagame zeigt uns die Welt."
Schrift/ Sprache	/	/	/
Musik/ Geräusche	Exotische Musik im Hintergrund.	Exotische Musik im Hintergrund	/

Tab. 7: Selbstreferenz

4) Texteinblendungen

Die Texteinblendungen dienen hier, genau wie der kontinuierliche Einsatz eines Sprechers, der Erklärung des Gezeigten und der Einführung in das Thema. Beispielsweise wird der angebliche Reporter Kayonga Kagame durch eine Texteinblendung vorgestellt und dem Zuschauer wird gleichzeitig der Ausblick gegeben von diesem auf eine filmische Expedition in entlegene Gebiete und exotische Landschaften mitgenommen zu werden.

Sequenz	N°1
Einstellung	00:00:21 – 00:00:31 
Inhalt	Im Hintergrund sind verschiedene exotische Landschaften zu erkennen. Im Vordergrund als Bild im Bild ist ein dunkelhäutiger Mann („Kayonga Kagame") mit einer Kamera auf der Schulter zu sehen.
Entfernung	Totale/ Nah
Perspektive	Normalsicht
Kamerabewegung	Konstanter Punkt
Ton/ Sprache	/
Schrift/ Sprache	„Kayonga Kagame zeigt uns die Welt"
Musik/ Geräusche	Exotisch klingende Musik (Mischung aus Panflöte Trommeln und Synthesizer)

Tab. 8: Texteinblendungen

39

5) Filmequipment/ Filmteam im Bild

Im Film DAS FEST DES HUHNES ist immer wieder Filmequipment oder das Filmteam im Bild zu sehen. Auf diese Weise kann dem Zuschauer suggeriert werden, am Prozess der Entstehung des Films teilzuhaben. In diesem Fall ist allerdings davon auszugehen, dass der Film diese Authentisierungsstrategie nicht etwa einsetzt, um den Zuschauer hinters Licht zu führen, sondern um ihm die Absurdität der Situationen vor Augen zu führen und ihn auf diese Weise zu belustigen.

Sequenz	N°10	N°12
Einstellung	00:34:43 – 00:34:51	00:50:54 – 00:55:01
Inhalt	Tonbandgerät, das gerade eingeschaltet wird.	Afrikanisches Filmteam interviewt einen Bauern zur Bedeutung von Hühnern in der sprachlichen Metaphorik der Oberösterreicher. Der Bauer hält eine Mistgabel in der rechten Hand. Dunkelhäutiger Mann hat einen Tonbandgerät-Koffer umhängen und hält ein Mikrofon in die Richtung des Bauern. Dunkelhäutige Frau hält einen Block in der Hand und macht sich Notizen.
Entfernung	Nah	Halbtotale
Perspektive	Vogelperspektive	Normalsicht
Kamerabewegung	Konstanter Punkt	Konstanter Punkt
Ton/ Sprache	Off-Sprecher: „Ein der ethnologischen Forschung bisher unbekannter Kult? Oder worum handelt es sich? Wir befragen unsere Begleiter, die Brüder Himmelfreundpointner."	Off-Sprecher: „Daher stolzieren wie a Gockelhahn, sagt ma."
Schrift/ Sprache	/	„Yiyan kiri bi ediye onigberaga."
Musik/ Geräusche	Exotische Musik im Hintergrund	/

Tab. 9: Filmequipment/ Filmteam im Bild

4.1.5 Grad der ‚Mock-docness'

Diese Mockumentary DAS FEST DES HUHNES ist Grad 1 der ‚Mock-docness'
zuzuordnen. Der Zuschauer soll hier nicht getäuscht, sondern vielmehr
augenzwinkernd belustigt werden.

Die umgekehrte Situation, also die, in der der im klassischen Dokumentarfilm
meist nur als Forschungsobjekt auftauchende Schwarzafrikaner europäische
‚Stämme' ethnologisch und wissenschaftlich analytisch untersucht, führt den
klassischen europäischen Dokumentarfilm gewissermaßen ad absurdum. Dem
Zuschauer soll auf witzige Art eine andere, neue Perspektive auf die ihm so
vertraute Kultur mitsamt ihrer Symbolik und ihrer Rituale eröffnet werden. Der
Film stellt in diesem Zusammenhang gewissermaßen ein Lehrstück zur Einübung
des sog. ‚fremden Blicks' dar.

Der Filmemacher will den Rezipienten durch die parodistische Betrachtung der
eigenen Kultur nicht nur einfach belustigen, er übt auch subversiv Kritik, indem er
etwaige ethnozentristische Anschauungen auf's Korn nimmt.

4.2 Beispiel 2: TOD EINES PRÄSIDENTEN

Abb. 3: DVD-Cover von
TOD EINES PRÄSIDENTEN[117]

4.2.1 Daten, Stab und Besetzung

Regie	Gabriel Range
Originaltitel	DEATH OF A PRESIDENT
Drehbuch	Gabriel Range, Simon Finch
Kamera	Graham Smith
Schnitt	Brand Thumim
Produktion	Simon Finch, Ed Guiney, Robin Gutch, Gabriel Range
Produktionsland	Großbritannien
Erscheinungsjahr	2006
Typ	Spielfilm
Genre	Mockumentary
Gesamtlänge	93 min
Besetzung	• Hend Ayoub • Brian Boland • Becky N. Baker • Michael Reilly Burke • Robert Mangiardi • Chavez Ravine • Christian Stolte • James Urbaniak • Jay Wittaker • Neko Parham • Malik Bader
Auszeichnungen	• Preis der Internationalen Filmkritik beim Toronto Filmfestival 2006 • Gewinner der 35. internationalen Emmy-Verleihung 2008 in der Kategorie „Fernsehfilm"

Tab. 10: Daten von TOD EINES PRÄSIDENTEN

4.2.2 Kurzinhalt

Dieser Film erzählt in einem Rückblick die Ermordung des amerikanischen Präsidenten George W. Bush. Am 19. Oktober kommt der Präsident nach Chicago um im Sheraton-Hotel eine Rede zu halten. Auf den Straßen sammeln sich

---

[117] http://www.amazon.co.uk/Death-of-A-President-DVD/dp/B000J3FDDM, 20.01.2012, 22:31 h

Demonstranten, die gegen die Politik der amerikanischen Regierung demonstrieren. Nach der Rede wird der amerikanische Präsident erschossen. Während sich die Suche nach dem Täter, angesichts der vielen Demonstranten äußerst schwierig erweist, übernimmt Vizepräsident Dick Cheney das Amt. Dieser setzt alles daran, den *Patriot Act III* durchzusetzen, um damit die USA zum kompletten Überwachungsstaat umzufunktionieren. Die vermeintlich Verantwortlichen für die Ermordung des Präsidenten hat man schnell ausfindig gemacht, und es sind selbstverständlich Terroristen. Doch während ein syrischer IT-Spezialist auf Grundlage absurder forensischer Beweise zum Tode verurteilt wird, rückt noch ein ganz anderer Verdächtiger in den Blick.

4.2.3 *Sequenzprotokoll*

Das der folgenden Analyse der (Pseudo-) Authentisierungsstrategien zugrunde liegende Sequenzprotokoll des Films findet sich im Anhang.

4.2.4 *(Pseudo-) Authentisierungsstrategien*

TOD EINES PRÄSIDENTEN bedient sich der dokumentarischen Darstellungsform des interaktiven Modus. Durch den ständigen Wechsel von echtem Archiv- und ‚Found-Footage'-Material, durch gestellte Interviews mit Experten und Zeugen sowie durch diverse Trickaufnahmen entsteht zunächst der Eindruck, es handele sich um eine echte Kriminal- bzw. Geschichtsdoku. Erst als George W. Bush erschossen wird, ist klar, dass es sich um eine Mockumentary handelt.

1) Bewusstmachung der Existenz einer Kamera

Durch die Verwendung von angeblichen Überwachungskameraaufnahmen, die an den typischen Einblendungen wie Position, Datum und Uhrzeit zu erkennen sind, wird dem Zuschauer ein Objektivitätsversprechen gegeben. In TOD EINES PRÄSIDENTEN wird diese Strategie wiederholt eingesetzt, um dem Rezipienten das Gefühl zu geben, er hätte einen unverfälschten Zugang zu der nichtfilmischen Realität, nämlich zu dem, was auch passiert und somit von der Überwachungskamera aufgenommen worden wäre, wenn es keine filmische Realität gegeben hätte.

Sequenz	N°7	N°6
Einstellung	00:24:23 – 00:24:25	00:20:24 – 00:20:30
Inhalt	Aufzeichnung einer Überwachungskamera im Eingangsbereich des Sharaton-Hotels. Das Bild ist verzerrt („Fish-Eye'-Effekt) und die typischen Einblendungen einer Überwachungskamera, wie Ort, Datum und Urzeit sind erkennbar. Man sieht eine größere Menschenmenge, die hinter Absperrungen stehen und auf Bush warten.	Aufzeichnung einer Überwachungskamera im Außenbereich eines Gebäudes. Das schwarz-weiß Bild der Kamera zeigt eine rennende Person mit einem Rucksack. Auch hier sind die für eine Überwachungskamera typischen Einblendungen zu sehen.
Entfernung	Halbtotale	Totale
Perspektive	Vogelperspektive	Vogelperspektive
Kamerabewegung	Konstanter Punkt	Konstanter Punkt, Zoom rein
Ton/ Sprache	Stimmengewirr, Applaus	/
Schrift/ Sprache	„WEST ENTR 1; _8.12 P_; 10-19-07"	„≥ E ILLINOIS; CAM 086; 19.48; 10/19/2007"
Musik/ Geräusche	/	Leises Ausblenden des Geschreis der Demonstranten.

Tab. 11: Bewusstmachung der Existenz einer Kamera

2) Texteinblendungen

Texteinblendungen dienen in TOD EINES PRÄSIDENTEN zum einen der Vorstellung von Interviewpartnern. Dem Interviewten kommt durch die Einblendung seiner beruflichen Funktion die Rolle des Experten zu. Seine Glaubwürdigkeit wird auf diese Weise erhöht. Zum anderen dienen sie der Darstellung von Zeitsprüngen und anderen Hintergrundinformationen über Ereignisse, die sich z.B. erst nach Fertigstellung des Films ereignet haben. Dadurch verweist der Film auf eine nichtfilmische Realität, eine Realität, die sich vor, nach oder auch während der Dreharbeiten an einem anderen Ort abgespielt hat.

Sequenz	N°8	N°26
Einstellung	00:26:27 – 00:26:36	01:29:00 – 01:29:04
Inhalt	Interviewsituation mit dem FBI-Mitarbeiter Robert H Maquire	Schwarzer Bildschirm mit weißer Texteinblendung
Entfernung	Nah	/
Perspektive	Normalsicht	Normalsicht
Kamerabewegung	Konstanter Punkt	Konstanter Punkt
Ton/ Sprache	Maquire: „The Secret Services job is, is to protect the president. The moment they fail, then it comes to me. My Job and the burro's job is to find the attacker and then bring him to justice."	/
Schrift/ Sprache	Bauchbinde: "Robert H Maquire, Special Agent in Charge, Chicago FBI'	"One year after his conviction Jamal Abu Zikri has still not been granted leave to appeal."
Musik/ Geräusche	/	Bedrohliche und düster wirkende Musik.

Tab. 12: Texteinblendungen

3) Interview mit Experten/ Zeitzeugen

In TOD EINES PRÄSIDENTEN werden zahlreiche gestellte Interviews mit angeblichen Experten und Zeitzeugen eingebaut. Diese sogenannten ‚Talking Heads' kommentieren und authentisieren das Gezeigte. Indem sie ihre subjektiven Eindrücke schildern, machen sie das Geschehen für den Zuschauer nachträglich erfahrbar.

Sequenz	N°9	N°8
Einstellung	00:31:28 – 00:31:47	00:28:48 – 00:28:12
Inhalt	Interviewsituation mit James Pearn	Interviewsituation mit dem Demonstranten Frank Molini.
Entfernung	Nah	Nah
Perspektive	Normalsicht	Normalsicht
Kamerabewegung	Konstanter Punkt	Konstanter Punkt
Ton/ Sprache	Pearn: „The ERT from D.C., that's the Evidence Response Team, they fly in. They get there in about 90 minutes and they start going through the evidence."	Molini: "They cough me and throw me in a van, take me down to detension center. I just sat silent and let them ask all the questions in the world, they wanted, I wasn't gonna help them out. I just didn't want to cooperate. If you believe in the death penalty he would have been a candidate. […]"
Schrift/ Sprache	Bauchbinde: „James Pearn; Former FBI Forensic Examiner"	Bauchbinde: "Frank Molini"
Musik/ Geräusche	/	/

Tab. 13: Experten und Zeitzeugen

4) ‚Found-Footage'-Material

TOD EINES PRÄSIDENTEN besteht zu einem Großteil aus ‚Found-Footage'-Material, d.h. aus Filmaufnahmen, die bereits vorher existiert haben und die nun in einen völlig neuen Sinnzusammenhang gestellt werden. Beispielsweise werden Mitschnitte der Bush-Rede vor dem *Economic Club of Chicago* oder aber Ausschnitte einer Rede Dick Cheneys eingebaut. Letztere war in Wirklichkeit natürlich eine Reaktion auf die Terroranschläge vom 11. September 2001. Die bekannten Gesichter von Bush und Cheney belegen, dass das Gezeigte wirklich stattgefunden hat und, dass es sich nicht etwa um Szenen handelt, die von Schauspielern nachgestellt wurden. ‚Found-Footage'-Material trägt also zur Glaubwürdigkeit einer Geschichte bei, indem es das Geschehen mithilfe von Aussagen bekannter Personen in der wirklichen Welt verankert.

Sequenz	N°6	N°22
Einstellung	00:14:54 – 00:15:03	01:05:59 – 01:06:11
Inhalt	Präsident Bush hält eine Rede.	Dick Cheney hält eine Rede.
Entfernung	Nah	Nah
Perspektive	Normalsicht	Normalsicht
Kamerabewegung	Konstanter Punkt	Konstanter Punkt
Ton/ Sprache	Bush: „This is one of Americas great cities and one of the reasons why is because you have a great mayor in Richard Daley."	Cheney: "The last thing we need is to convey the impression that terrorists can change our policies to violence and intimidation and that can force the government of the United States to chance course if they inflicted enough violence.
Schrift/ Sprache	/	/
Musik/ Geräusche	Atmo des Sitzungssaals	Blitzgewitter der Kameras der Journalisten.

Tab. 14: ‚Found-Footage'-Material

5) Originalschauplätze

Genau wie durch ‚Found-Footage'-Material, wird die filmische Wirklichkeit einer Mockumentary durch das Einblenden von Originalschauplätzen, d.h. bekannten und/oder öffentlich zugänglichen Orten, in der nichtfilmischen Wirklichkeit verankert. In TOD EINES PRÄSIDENTEN geschieht dies beispielsweise, indem sich Bilder einer tatsächlich stattgefundenen Demonstration in den Straßen von Chicago mit gestellten Szenen abwechseln. Andere Beispiele sind die fiktive Reporterin vor dem Sheraton-Hotel oder ein fiktiver Sprecher-Kommentar, der über ein Bild des weißen Hauses gelegt wird, um zu suggerieren, dass es sich um einen O-Ton Cheneys handele.

Sequenz	N°5	N°7	N°22
Einstellung	00:09:52 – 00:10:01	00:25:03 – 00:25:05	01:05:46 – 01:05:58
Inhalt	Größere Menge Demonstranten. Einige von ihnen halten Schilder. Auf einem ist der Schriftzug „War is Terrorism" zu lesen.	Reporterin vor der Kamera, im Hintergrund sind das Sharaton-Hotel in Chicago und eine vorbei rasende Limousine zu sehen.	Das weiße Haus in der Dämmerung (Zeitraffer-Effekt).
Entfernung	Halbtotale	Halbnah	Halbtotale
Perspektive	Normalsicht	Normalsicht	Froschperspektive
Kamerabewegung	Horizontalschwenk	Konstanter Punkt	Konstanter Punkt
Ton/ Sprache	Frauenstimme durchs Megafon: „We say: Stop the killing, stopp the burning, stopp the torture and stop they forcing our nighbourhoods and communities to pay for a war we don't want."	/	Off-Sprecher (imitiert Cheneys Stimme): "The link between Jamal Abu Zikri and Al Kaida shows once again the nature of the enemy that we're facing in a war on terror."
Schrift/ Sprache	/	/	/
Musik/ Geräusche	Demo-Atmo	Quietschende Bremsen eines PKWs.	Leise bedrückende Musik im Hintergrund.

Tab. 15: Originalschauplätze/ Originalton

6) Beweisobjekte/ offizielle Dokumente

Beweisobjekten und offiziellen Dokumenten haftet stets ein hohes Maß an Authentizität an, gelten sie doch in der wirklichen Welt als schwer bis gar nicht fälschbar. TOD EINES PRÄSIDENTEN macht sich dies zunutze und baut zahlreiche derartige ,Beglaubigungen' ein. Dem Zuschauer werden Fotos der angeblichen Ausweisdokumente und die Verbrecherfotos der verdächtigten Personen sowie die Beweise, auf die sich die kriminaltechnische Untersuchung des Anschlags stützt, präsentiert.

Sequenz	N°5	N°22
Einstellung	00:10:42 – 00:10:43	01:04:08 – 01:04:23
Inhalt	Frank Molinis ID-Card	Fingerabdruck (schwarz auf weiß)
Entfernung	Groß	Detail
Perspektive	Normalsicht	Normalsicht
Kamerabewegung	Konstanter Punkt	Zoom rein
Ton/ Sprache	/	Pearn: „He found nine points of comparison to Zikris print from the database. So I thought it was promising, but not the sure fire evidence that we needed."
Schrift/ Sprache	/	/
Musik/ Geräusche	Bedrohliche, ernste Musik im Hintergrund	/

Tab. 16: Beweisobjekte

7) Trickaufnahmen

Trickaufnahmen werden in TOD EINES PRÄSIDENTEN eingesetzt, um fiktive Figuren der filmischen Realität innerhalb der nichtfilmischen Realität, also der wirklichen Welt, zu verankern. Auf diese Weise können Schauspieler authentisiert werden und anschließende gestellte Interviews mit ihnen können als weitere Authentizitätssignale dienen. Durch die Fortschritte der Computertechnologie und die dadurch bedingten enormen Möglichkeiten der digitalen Bearbeitung von Filmmaterial, bietet der Einsatz von Trickaufnahmen für eine Mockumentary ein großes Potential. Die Tabelle unter zeigt rechts beispielsweise ein Foto, auf der die fiktive Figur Eleanor Drake, die im Film eine Beraterin Bushs spielt, direkt neben den amerikanischen Präsidenten montiert wurde. Auch wegen der nach wie vor hohen Authentizitätszuschreibung, die einem Foto zukommt, entsteht der Eindruck, dass es sich bei Mrs. Drake wirklich um eine Vertraute Bushs handelt, die ihn auch privat kennt. Ihrem Wort kommt daher eine hohe Glaubwürdigkeit zu.

Auf der rechten Seite ist eine Zeitung zu sehen, auf der ein Foto Casey Claybons zu erkennen ist und die entsprechende Schlagzeile *„Veteran claims father killed Bush"*. Für die meisten Zuschauer sind Zeitungen wohl recht zuverlässige Quellen für Informationen, sind sie doch direkte Beobachter der Wirklichkeit. Daher kommt ihnen ebenfalls ein hohes Maß an Authentizität zu. Aber auch sie lassen sich natürlich beliebig gestalten und sind somit ein beliebtes Mittel der Mockumentary.

Sequenz	N°4	N°24
Einstellung	00:04:28 – 00:04:41	01:21:00 – 01:21:08
Inhalt	Bush mit seinem Stab. Direkt neben ihm ist Eleanor Drake zu sehen.	Chicago Sun Times. Fast halbseitig ist ein Artikel mit der Schlagzeile „Veteran claims father killed Bush" sowie ein Foto von Casey Claybon abgedruckt.
Entfernung	Nah	Nah
Perspektive	Normalsicht	Vogelperspektive
Kamerabewegung	Horizontalschwenk	Zoom rein
Ton/ Sprache	/	„Casey Claybon was described as a very troubled iraque war vet […]."
Schrift/ Sprache	/	/
Musik/ Geräusche	Leise Streicher	Melancholische Klaviermusik

Tab. 17: Trickaufnahmen

8) Historischer Bezug

In Mockumentaries wird sich nicht nur auf real existierende Personen und Orte bezogen, sondern auch auf Ereignisse, die tatsächlich stattgefunden haben und denen eine historische Bedeutung zukommt. TOD EINES PRÄSIDENTEN thematisiert beispielsweise die Verabschiedung des USA PATRIOT Act III, wenn auch in einem von der Realität abweichenden Kontext.

Sequenz	N°12
Einstellung	00:56:22 – 00:56:26
Inhalt	Kongress im Kapitol.
Entfernung	Totale
Perspektive	Normalsicht
Kamerabewegung	Konstanter Punkt
Ton/ Sprache	Nachrichtensprecher aus dem Off: „in an emergency close session this morning congress voted unanimously for the PATRIOT Act."
Schrift/ Sprache	/
Musik/ Geräusche	/

Tab. 18: Historischer Bezug

4.2.5 Grad der ,Mock-Docness

Tod eines Präsidenten stellt die Probleme einer Gesellschaft im Kampf gegen den Terrorismus dar. Er reflektiert die amerikanische Politik und manipuliert die Realität, um zu zeigen, wie leicht diese manipulierbar ist.

Nach Roscoe und Hight ist der Film Grad 2 der ,Mock-docness' zuzuordnen, da er die dokumentarische Form heranzieht, um einen Aspekt der zeitgenössischen Kultur, in diesem Fall der politischen, zu kritisieren. Tod eines Präsidenten verschleiert seinen fiktionalen Charakter und könnte somit auch als Hoax eingeordnet werden. Erst durch den Anschlag auf Bush wird der fiktionale Charakter des Films dem Zuschauer offenbart. Indem der Film reale Auftritte von Politikern mit Nachrichtenmaterial, fiktiven Szenen und Interviews zu einer nicht immer leicht zu durchschauenden Einheit verwebt, treibt er ein Verwirrspiel mit dem Zuschauer und fordert ihn implizit zu einer aktiven und reflektierten Haltung gegenüber dem Gezeigten auf.

4.3   Beispiel 3: MUXMÄUSCHENSTILL

Abb. 4: DVD-Cover von
MUXMÄUSCHENSTILL[118]

4.3.1   *Daten, Stab und Besetzung*

Regie	Markus Mittermeier
Originaltitel	MUXMÄUSCHENSTILL
Drehbuch	Jan Henrik Stahlberg
Kamera	David Hofmann
Schnitt	Daniela Boch, Andrea Guggenberger, Sarah Clara Weber
Produktion	Martin Lehwald
Produktionsland	Deutschland
Erscheinungsjahr	2004
Typ	Spielfilm
Genre	Mockumentary
Gesamtlänge	89 min
Besetzung	• Jan Henrik Stahlberg: Mux • Fritz Roth: Gerd • Wanda Perdelwitz: Kira „Mäuschen" • Joachim Kretzer: Björn • Kathrin Spielvogel: Kaufhausdiebin • Lucia Chiarla: Gemüsehändlerin
Auszeichnungen	• Der Film gewann 2004 den Max-Ophüls-Preis in vier Kategorien und den Deutschen Filmpreis in der Kategorie „Bester Schnitt". Außerdem war er nominiert in den Kategorien „Bester Film" und mit Fritz Roth als „Bester Nebendarsteller". • Der Film lief sehr erfolgreich auf der Berlinale (Sektion: „Perspektive Deutsches Kino").

Tab. 19: Daten von MUXMÄUSCHENSTILL

4.3.2   *Kurzinhalt*

Mux, der selbst ernannte Weltverbesserer ist Anfang 30 und hat eine Mission, er will seinen Mitmenschen auf den Straßen Berlins wieder Ideale und Verantwortungsbewusstsein beibringen. Auf seinem Kreuzzug gegen Unrecht und Gleichgültigkeit begleitet ihn sein treuer Gehilfe, der Ex-Langzeitarbeitslose Gerd. Dieser soll die „Heldentaten" mit einer Videokamera dokumentieren. So werden

---

[118] http://www.amazon.de/Muxmäuschenstill-Jan-Henrik-Stahlberg/dp/B0006UJOPG, 22.01.12, 08:50 h

Schwarzfahrer, Becken-Pinkler, Falschparker und Graffiti-Sprayer von Mux, notfalls mit Gewalt, zurechtgewiesen. Mux verliebt sich in einer Bar in die junge Kira, die er später immer „Mäuschen" nennt. Als er von seiner Geliebten, aufgrund seiner eigenartigen Weltanschauung enttäuscht wird, gerät sein komplettes Weltbild kurzzeitig ins Wanken und lässt ihn selbst zum Gesetzesbrecher werden.

4.3.3 Sequenzprotokoll

Das der folgenden Analyse der (Pseudo-) Authentisierungsstrategien zugrunde liegende Sequenzprotokoll des Films findet sich im Anhang.

4.3.4 (Pseudo-) Authentisierungsstrategien

1) Filmequipment/ Filmteam im Bild

MUXMÄUSCHENSTILL ist im Stil einer „Reality-Dokumentation" gehalten. Dem Zuschauer wird kontinuierlich ein sog. ‚Behind-the-scenes'- Gefühl gegeben, d.h. er hat den Eindruck an der Entstehung von dokumentarischen Aufnahmen teilzuhaben, die der Überführung der Täter dienen. Der Zuschauer begleitet Mux gewissermaßen bei seinem Feldzug gegen das Verbrechen und wird dabei stiller Zeuge seiner Handlungen. Filmequipment und auch das vermeintliche Filmteam, ist daher immer wieder im Bild zu sehen.

Sequenz	N°12	N°16
Einstellung	00:03:18 – 00:55:01	00:51:16 – 00:52:05
Inhalt	Zentral im Bild befindet sich eine Digitalkamera auf einem Holztisch. Die Kamera ist aufgeklappt und auf dem Display läuft eine Aufnahme ab. Im rechten Teil des Bilds ist die Schulter von Mux angeschnitten. Mehrere Filmkassetten liegen neben der Kamera.	Mux isst mit Gerd in einem Dönerladen. Gerd hält in seiner linken Hand eine Kamera und filmt sich und Mux im Spiegel. In der rechten Hand hält er einen Döner, den er isst während er filmt. Im Hintergrund ist die Theke zu sehen.
Entfernung	Nah	Nah
Perspektive	Vogelperspektive	Normalsicht
Kamerabewegung	Konstanter Punkt	Konstanter Punkt
Ton/ Sprache	Mux: „Ich bin das, was man einen Einzelgänger nennen würde, ich war das schon immer."	Mux: „Die Überführung von Sexualstraftätern ist von moralischen Gesichtsp... [Handy klingelt], von moralischen Gesichtpunkten aus natürlich die anstrengendste, weil die Rückfallquote am höchsten ist. […]"
Schrift/ Sprache	/	/
Musik/ Geräusche	Spulen der Kassette, Außen-Atmo	Telefonklingeln, Atmo Dönerladen

Tab. 20: Filmequipment/ Filmteam im Bild

2) Bewusstmachung der Existenz einer Kamera

In MUXMÄUSCHENSTILL wird dem Zuschauer immer wieder die Perspektive des Kameramanns offenbart. Um die Straftaten der Täter zu dokumentieren, um sie zu überführen und nicht zuletzt auch, um sie zu demütigen, wird gefilmt. In diesen Momenten wechselt die Einstellung. Der Zuschauer sieht nun nicht mehr den Kameramann Gerd beim Filmen, sondern er sieht das Geschehen aus seiner Perspektive. Er wird gewissermaßen zu Gerd. Das Bild ist in diesen Einstellungen amateurhaft verwackelt und unscharf. Kameraeinblendungen, wie Datum und Uhrzeit und weitere, nachträglich einprogrammierte Informationen, wie z.B. der jeweilige Tatbestand und die Namen der Personen sind erkennbar.

Sequenz	N°11	N°12
Einstellung	00:33:39 – 00:34:47	00:50:48 – 00:34:51
Inhalt	Plünderer wurde an einen Pfahl im Hochwassergebiet gefesselt. Er steht bis zum Bauch im Hochwasser. Im Hintergrund ist der reisende Fluss zu erkennen.	Mux und die auf frischer Tat ertappte Diebin stehen sich in der Unterwäscheabteilung eines Warenhauses gegenüber.
Entfernung	Nah	Groß
Perspektive	Normalsicht	Normalsicht
Kamerabewegung	Kamera entfernt sich	Konstanter Punkt
Ton/ Sprache	/	Jeanette: „Ihr könnt doch nicht die Leute beim Einkaufen filmen" Mux: „Beim einkaufen nicht, aber beim klauen. So, los!"
Schrift/ Sprache	#0704; Do 31.07.03; 15:06; Bitterfeld; Carsten L.; §125a; Plünderei	#0711; Sa 02.08.11; 11:30; Friedrichstr.; Jeanette R.; § 242 Diebstahl
Musik/ Geräusche	Wassergeplätscher	/

Tab. 21: Bewusstmachung der Existenz einer Kamera

3) Originalschauplätze

Um den angeblichen dokumentarischen Charakter des Films zu untermauern, finden in MUXMÄUSCHENSTILL fiktive Szenen immer wieder vor realer Kulisse statt. Die filmische Wirklichkeit wird innerhalb der nichtfilmischen Wirklichkeit verortet, der Zuschauer hat dadurch den Eindruck, dass das Geschehen tatsächlich so stattgefunden haben könnte, sind ihm die Orte doch oft bekannt. In MUXMÄUSCHENSTILL gibt es beispielsweise eine Szene zwischen Mux und Kira, die im Aussichtsrestaurant des Berliner Fernsehturms spielt.

Sequenz	N°15
Einstellung	00:47 – 00:55:01 
Inhalt	Mux und Kira sitzen im Aussichtsrestaurant des Berliner Fernehturms. Auf dem Tisch steht eine Videokamera. Im Vordergrund stehet ein Geigenspieler und spielt für die beiden.
Entfernung	Halbtotale
Perspektive	Normalsicht
Kamerabewegung	Konstanter Punkt
Ton/ Sprache	Mux: „Pariserplatz und dann die Leipzigerstrasse"
Schrift/ Sprache	/
Musik/ Geräusche	Geigenmusik

Tab. 22: Originalschauplätze/ Originalton

4) Historischer Bezug

In MUXMÄUSCHENSTILL gibt es ebenfalls einige historische Bezüge mithilfe derer das fiktive Geschehen in der wirklichen Welt verankert wird. So liefern sich Mux und Gerd beispielsweise eine Verfolgungsjagd mit einem Plünderer innerhalb der realen ,Kulisse' des Jahrhunderthochwassers 2002. Auch die Love-Parade in Berlin kann mittlerweile als historisches Ereignis betrachtet werden und dient im Film als Ort des Geschehens bzw. des Verbrechens, das es aus Mux' Perspektive an Ort und Stelle zu bekämpfen gilt.

Sequenz	N°11	N°12
Einstellung	00:32:27 – 00:32:33	00:58:53 – 00:58:54
Inhalt	Häuser versinken im Hochwasser. Autos, Baucontainer und andere Gegenstände werden von den Wassermassen weggeschwemmt.	Menschenmassen auf der legendären Berliner Love-Parade.
Entfernung	Totale	Totale
Perspektive	Vogelperspektive	Normalsicht
Kamerabewegung	Konstanter Punkt	Konstanter Punkt
Ton/ Sprache	/	/"
Schrift/ Sprache	/	/
Musik/ Geräusche	Reißender Fluss und Geschrei von Kindern	Elektronische Musik

Tab. 23: Historischer Bezug

5) Trickaufnahmen

Auch der Einsatz von Trickaufnahmen dient in MUXMÄUSCHENSTILL der Verankerung der filmischen Realität in der wirklichen Welt. Bilder, wie das von Ulrich Wickert, der die Tagesthemen moderiert sind in Deutschland omnipräsent. Fast jeder hatte Herrn Wickert wohl schon mal in seinem Wohnzimmer ,zu Gast'. Der Zuschauer verbindet mit ihm und den Tagesthemen Seriosität und zuverlässige Vermittlung von Informationen. Daher eignet sich eine Trickaufnahme, wie diese, um entweder Authentizität zu erzeugen, oder aber, wenn (wie in diesem Fall) der fiktionale Charakter des Films eindeutig ist, um nicht nur den Dokumentarfilm, sondern die Medien im allgemeinen, die Haltung des Rezipienten ihnen gegenüber und die Möglichkeit durch Bilder Aussagen über die Realität zu treffen, zu kritisieren.

Sequenz	N°20
Einstellung	01:12:05 – 01::41

Inhalt	Ulrich Wickert moderiert die Tagesthemen auf der ARD und hat eine Liveschaltung nach Berlin zu Mux, der auf dem Bild im Bild zu erkennen ist.
Entfernung	Nah
Perspektive	Normalsicht
Kamerabewegung	Konstanter Punkt
Ton/ Sprache	Ulrich Wickert:,,In Deutschland gibt es gerade eine große Diskussion" Mux: "Herr Wickert, Entschuldigung, dass ich Sie unterbreche…"
Schrift/ Sprache	/
Musik/ Geräusche	/

Tab. 24: Trickaufnahmen

4.3.5 Grad der ‚Mock-docness'

In MUXMÄUSCHENSTILL wird sich der Stilmittel gleich mehrerer dokumentarischer Formate bedient. Mal wird der Eindruck einer Fernseh-Reportage erweckt, mal der eines Homevideos. Ein wieder anderes Mal erinnert der Film an ein Reality-TV Format.

Der angebliche Dokumentarfilm holt den Zuschauer mit ins Boot, indem er ihn über lange Zeit in einem Wechselbad zwischen Zustimmung und Abneigung gefangen hält. Auf diese Weise geht der Film weit über die übliche Medienkritik hinaus und ist vielmehr als philosophisch-psychologischer Angriff auf den sich für moralisch haltenden Zuschauer zu bewerten. Zudem wird jeder Glaube an die Echtheit dokumentarischer Bilder untergraben, wenn mit Handkamera und Laiendarstellern innerhalb eines realen Geschehens (das Hochwasser 2002) fiktive Situationen inszeniert werden. MUXMÄUSCHENSTILL lässt sich daher Grad 3 zuordnen.

5 Resümee

Das Thema dieser Arbeit war der Bezug der Mockumentary zum Dokumentarfilm und die in ihr zum Einsatz kommenden dokumentarischen Authentisierungsstrategien.

Zusammenfassend lässt sich als wesentliche Eigenschaft der Mockumentary die Imitation der dokumentarischen Form festhalten. Ihr Inhalt dagegen ist fiktiv, erzählt sie doch von *er*fundenen und nicht von *ge*fundenen Geschichten. In diesem Spannungsfeld von Form und Inhalt, an dieser Schnittstelle von Dokumentation und Fiktion, ist es der Mockumentary möglich eine Reflexivität gegenüber dem Dokumentarfilm zu entwickeln. Eine Mockumentary ist somit immer auch ein Film über den Dokumentarfilm.

Mockumentaries imitieren den Dokumentarfilm, indem sie seine typischen Stilmittel benutzen und sich diverser dokumentarischer Authentisierungsstrategien bedienen. Diese Strategien sind ein wichtiger Bestandteil der parodistischen, kritischen oder dekonstruktiven Auseinandersetzung mit einem Thema oder dem dokumentarischen Genre selbst.

Die Fragestellung dieser Arbeit war daher u.a. auf den Einsatz dokumentarischer Authentisierungsstrategien gerichtet. Um festzulegen, um welche Art von Filmen es geht, wurde zunächst eine Definition des Begriffs ‚Mockumentary' hergeleitet. Die Herangehensweise an die Arbeit erforderte eine Einbettung der Mockumentary in ihr medientheoretisches Umfeld. Begriffe wie ‚Realität', ‚Wirklichkeit' und ‚Authentizität' wurden diskutiert. Entsprechende Konzepte von Eva Hohenberger und Manfred Hattendorf wurden vorgestellt. Bei einer Gegenüberstellung der dokumentarischen und fiktionalen Filmrealitäten fiel auf, dass der zunächst so offensichtlich und eindeutig erscheinende Unterschied zwischen Dokumentar- und Spielfilm geringer ist, als vermutet. Es kristallisierte sich heraus, dass fiktionales und dokumentarisches Erzählen kulturelle Konventionen bildet und daher dynamischen Prozessen unterliegt. Ihre ästhetischen Strategien können als ‚Stilmittel' jeweils anders eingesetzt werden: Dokumentarfilme können sich fiktionaler Mittel bedienen, genau wie fiktionale Filme, wie Mockumentaries, dokumentarische Erzählmuster benutzen können, um authentischer zu wirken.

Um den Bezug der Mockumentary zum Dokumentarfilm zu spezifizieren und zu klären, worin *die* dokumentarische Form überhaupt besteht, erfolgte anschließend eine Auseinandersetzung mit den verschiedenen Darstellungsformen des Dokumentarfilms. Ihre von Bill Nichols vorgenommene Kategorisierung in Realitätsmodi wurde erläutert und es wurde deutlich, dass es drei Gemeinsamkeiten von Dokumentarfilmen gibt. Erstens streben alle nach Wahrheit, zweitens lassen sich alle bestimmten Darstellungsformen zuordnen, die anhand bestimmter Codes und Konventionen vom Rezipienten als dokumentarisch identifiziert werden, und drittens tritt der Rezipient dem Dokumentarfilm grundsätzlich mit der Erwartungshaltung gegenüber, dass dieser die Realität authentisch und wahrheitsgemäß wiedergibt. In Form eines Exkurses wurden dann Fälschung und Lüge im medienspezifischen Kontext verortet und von der Mockumentary abgegrenzt. Es wurde deutlich, dass die Mockumentary zwar ein Spiel mit dem Zuschauer treibt, letztlich aber als fiktiv entlarvt werden will und sich somit vom kriminellen Betrug unterscheidet.

Anschließend wurden die verschiedenen (Pseudo-) Authentisierungsstrategien der Mockumentary expliziert, mit deren Hilfe diese beim Rezipienten eine dokumentarische Lesart provoziert. Das beim Rezipienten erzeugte Vertrauen wird an anderer Stelle bewusst wieder gebrochen, nämlich dann, wenn die Mockumentary ihren fiktionalen Charakter offenbart. Es wurde deutlich, dass dieses Verwirrspiel den Rezipienten verunsichert und es ihm unmöglich macht in die filmische Wirklichkeit einzutauchen. Stattdessen bleibt er in einer gewissen Distanz zum Film. Dies kann unterschiedliche Auswirkungen haben. Je nach Film und Rezipient, spielt dieser entweder augenzwinkernd mit und wird durch den Film belustigt oder er beginnt sich mit dem Gesehenen kritisch auseinanderzusetzen bzw. womöglich das dokumentarische Genre an sich zu hinterfragen. Um Mockumentaries nach der Art und Intensität ihrer Wirkung einzuteilen, wurde deswegen das von Roscoe und Hight entwickelte Schema vorgestellt, das Mockumentaries anhand ihrer ‚Mock-docness' in drei graduelle Kategorien unterteilt.

Ausgehend von den Grundlagenkapiteln erfolgte im letzten Kapitel die Forschungsarbeit. Dazu wurden drei Sequenzprotokolle der Filme DAS FEST DES HUHNES, TOD EINES PRÄSIDENTEN und MUXMÄUSCHENSTILL erstellt. Die Protokolle bildeten die Grundlage für die Analyse der (Pseudo-)

Authentisierungsstrategien und waren sehr hilfreich, um entsprechende Beispiele zu finden. Der Analyse der (Pseudo-) Authentisierungsstrategien folgte schließlich eine Zuordnung des jeweiligen Beispielfilms zu einem der drei Grade der ‚Mock-docness'. Die Filme wurden von vornherein so gewählt, dass jeder Grad einmal vertreten war.

Resümierend lässt sich feststellen, dass Mockumentaries eine Mischung aus fiktionalem und dokumentarischem Film sind, die als hybride Form die gewohnte Trennlinie zwischen den beiden Genres verwischen und anstatt dessen die Parallelen und Überschneidungen betonen. Sie demonstrieren, dass es möglich ist durch den Einsatz bestimmter ästhetischer Formen und unabhängig vom Inhalt den Eindruck von Authentizität, auch im fiktionalen Kontext, zu konstruieren, sodass es dem Zuschauer nicht möglich ist einen Film lediglich anhand der Bilder als echt oder ‚gefaked' zu erkennen. Die Mockumentary macht auf diese Weise deutlich, dass die authentische Wirkung eines Dokumentarfilms v.a. aus dem Einsatz bestimmter ästhetischer Strategien und einer bestimmten filmischen Rhetorik herrührt. Sie führt dem Rezipienten buchstäblich vor Augen, wie schnell er an die Grenzen seiner Medienkompetenz stößt und illustriert anschaulich, dass Authentizität nicht in einer authentischen Quelle begründet ist, sondern vielmehr das Ergebnis filmischer Bearbeitungsmodi darstellt.

Die verschiedenen Spielformen zwischen Fakt und Fiktion werden sicherlich noch erweitert werden. Der bewusste und kritische Umgang der Zuschauer damit lässt hoffen, dass sie nicht mehr unbedingt bereit sind, Bildern einfach zu glauben. Dies ist ein wichtiger Erkenntnisgewinn in einer komplexer werdenden Mediengesellschaft.

Literaturverzeichnis

Arriens, Klaus: *Wahrheit und Wirklichkeit im Film. Philosophie des Dokumentarfilms.* Würzburg: Königshausen & Neumann, 1999.

Bayer, Gerd: Artifice and Artificiality in Mockumentaries. In: Rhodes, Gary D.; Springer, John P. (Hrsg.): *Docufictions. Essays on the Intersection of Documentary and Fictional Filmmaking.* North Carolina: Mc Farland & Company, Inc., 2006. S.164-178.

Beatti, Keith: *Documentary Screens. Nonfiction Film and Television.* New York: Palgrave, 2006.

Berg, Jan: Techniken der medialen Authentifizierung Jahrhunderte vor der Erfindung des „Dokumentarischen". In: Keitz, Ursula von; Hoffmann, Kay (Hrsg.) *Die Einübung des dokumentarischen Blicks. Fiction Film und Non Fiction Film zwischen Wahrheitsanspruch und expressiver Sachlichkeit 1895-1945.* Marburg: Schüren Presseverlag, 2001. S. 51-70.

Born, Michael: *Wer einmal fälscht... Die Geschichte eines Fernsehjournalisten.* Köln: Kiepenheuer & Witsch, 1997.

Borstnar, Nils; Pabst, Eckhard; Wulff, Hans Jürgen: *Einführung in die Film- und Fernsehwissenschaft.* Stuttgart: UTB, 2008.

Doll, Martin: Die Adresse des Fake. Über das Wahre im Falschen. In: Barth, Thomas et al. (Hrsg.): *Mediale Spielräume. Dokumentation des 17. Film- und Fernsehwissenschaftlichen Kolloquiums Universität Hamburg 2004.* Marburg, S. 153-160.

Edthofer, Clarissa: *unECHT. Fake-Dokus im Spannungsfeld von Authentizität, Inszenierung und medialer Wirklichkeitskonstruktion.* Saarbrücken: VDM Verlag, 2008.

Elias, Caroline und Weber, Thomas: Defekt als Referenz. Von neuen Hybrid-Formaten zum Verfall der Doku-Kultur. In: Segeberg, H. (Hrsg.): *Referenzen: Zur Theorie und Geschichte des Realen in den Medien,* Marburg: Schüren, 2009. S. 182.

Geppert, Alexander C.T.: *Forschungstechnik oder historische Disziplin? Methodische Probleme der Oral History.* In: GWU 45, 1994.

Groeben, Norbert; Schreier, Margret: Die Grenze zwischen (fiktionaler) Konstuktion und (faktueller) Wirklichkeit: Mehr als eine Konstruktion? In: Zurstiege, Guido (Hrsg.): *Festschriften für die Wirklichkeit.* Wiesbaden: VS Verlag für Sozialwissenschaften, 2000. S. 165-184.

Hattendorf, Manfred: *Dokumentarfilm und Authentizität: Ästhetik und Pragmatik einer Gattung.* Konstanz: UVK Medien, 1999.

Hickethier, Knut: *Film- und Fernsehanalyse.* Weimar: Metzler, 2001.

Hißnauer, Christian: *Fernsehdokumentarismus. Theoretische Näherungen, pragmatische Abgrenzungen, begriffliche Klärungen.* Konstanz: UVK, 2011.

Hohenberger, Eva: *Die Wirklichkeit des Films. Dokumentarfilm, ethnologischer Film, Jean Rouch.* Hildesheim: Olms, 1988.

Juhasz, Alexandra; Lerner, Jesse: *F is for Phony. Fake Documentary and Truth´s Undoing.* Minneapolis: University of Minnesota Press, 2008.

Knaller, Susanne; Müller Harro: *Authentizität: Diskussion eines ästhetischen Begriffs.* München: Wilhelm Fink Verlag, 2006.

Kreimeier, Klaus: Fingierter Dokumentarfilm und Strategien des Authentischen. In: Hoffmann, Kay (Hrsg.), *Trau – Schau – Wem. Digitalisierung und dokumentarische Form* (Band 9 der Reihe: Close up, S. 33-46). Konstanz: UVK Medien, 1997. S. 28-46.

Koebner, Thomas: *Reclams Sachlexikon des Films.* Stuttgart: Reclam, 2002.

Leiser, Erwin: *Auf der Suche nach der Wirklichkeit. Meine Filme 1960-1996.* Konstanz: UVK Verlags GmbH, 1996.

Marchal, Peter: Wege zur Wirklichkeit. Dokumentarfilme als Chance für das Fernsehen. In: *Wahrheit als Medienqualität. Beiträge zur Medienethik.* München: Blessing Verlag, 1996. S. 241-264.

Nichols, Bill: *Representing Reality: Issues and Concepts in Documentary.* Bloomington: Indiana University Press, 1991.

Nichols, Bill: Performativer Dokumentarfilm. In: Hattendorf, Manfred (Hrsg.): *Perspektiven des Dokumentarfilms.* München: Diskurs-Film-Verlag Schaudig & Ledig, 1995. S. 149-166.

Nichols, Bill: *Introduction to Documentary.* Bloomington: Indiana University Press, 2001.

Nooteboom, Ceese: *Ein Lied von Schein und Sein.* München: Goldmann, 2001.

Pszola, Janina: *Der Brückenbauer: Jean Rouch zwischen Kunst und Wissenschaft.* Seminararbeit: Universität Koblenz, 2010.

Rhodes, Gary D.; Springer, John P.: *Docufictions. Essays on the Intersection of Documentary and Fictional Filmmaking.* Jefferson: McFarland, 2006.

Rindlisbacher, Dölf: *Filmarbeit - praktisch. Grundlagen, Methoden, Modelle.* Basel: F. Reinhardt, 1977.

Roscoe, Jane; Hight, Craig: *Faking it. Mock-Documentary and the Subversion of Factuality*. Manchester, New York: Manchester University Press, 2001.

Roscoe, Jane; Hight, Craig: Building a Mock-Documentary-Schema, In: Rosenthal, Alan; Corner, John: *New Challenges for Documentary*. Manchester, New York: Manchester University Press, 2005. S. 230-241.

Roth, Wilhelm: *Der Dokumentarfilm seit 1960*. München, Luzern: C.J. Bucher Verlag, 1982.

Schmidt, Siegfried J.: *Der Diskurs des radikalen Konstruktivismus*. Frankfurt: Suhrkamp, 1990.

Schmidt Siegfried J.: Konstruktivismus in der Medienforschung: Konzepte, Kritiken, Konsequenzen. In: Merten Klaus; Schmidt Siegfried J.; Weischenberg Siegfried (Hrsg.): *Die Wirklichkeit der Medien. Eine Einführung in die Kommunikationswissenschaft*. Opladen: Westdeutscher Verlag, 1994. S.592-623.

Schmitz, Raoul: *Wahrnehmung und Verstehen des Hybridgenres Mockumentary unter besonderer Berücksichtigung einer Realitäts-Fiktions-Unterscheidung. Eine qualitative Rezeptionsanalyse mit Heranwachsenden am Beispiel des Kinofilms 'Borat'*. Magisterarbeit / Universität Salzburg, 2009

Schultz, Tanjev: Alles inszeniert und nichts authentisch? Visuelle Kommunikation in den vielschichtigen Kontexten von Inszenierung und Authentizität. In: Knieper, Thomas; Müller, Marion G. (Hrsg.): *Authentizität und Inszenierung von Bildwelten*. Köln: Wewer, 2003. S. 10-24.

Stevenson, Angus: Mockumentary, in: *Oxford English Dictionary*. Oxford: Oxford University Press, 2011.

Waldmann, Werner: *Das deutsche Fernsehspiel. Ein systematischer Überblick*. Wiesbaden: Akademische Verlagsgesellschaft Athenaion, 1977.

Zimmermann, Peter: Der Autorenfilm und die Programm-Maschine Fernsehen. In: Zimmermann, Peter; Hoffmann, Kay (Hrsg.): *Dokumentarfilm im Umbruch. Kino-Fernsehen-Neue Medien*. Konstanz: UVK. S. 85-103.

Internetquellen

Privater Blog von Max Kirste: Hasige Schattenspiele. URL: http://todamax.kicks-ass.net/blog/2011/hasige-schattenspiele/, abgerufen am 22.11.11, 01:38 h

IMDb: A Hard Day's Night. URL: http://www.imdb.com/title/tt0058182/quotes, abgerufen am 29.11.11, 19:58 h

Wikipedia: Mockumentary. URL: http://de.wikipedia.org/wiki/Mockumentary, abgerufen am 18.11.11, 18:07 h

Wikipedia: War of the Worlds (Radio Drama). URL: http://en.wikipedia.org/wiki/The_War_of_the_Worlds_(radio_drama), abgerufen am 05.12.2011, 19:24 h

Box Office Mojo: Mockumentary. URL: http://boxofficemojo.com/genres/chart/?id=mockumentary.htm, abgerufen am 05.12. 2011, 20:55 h

Amazon: Das Fest des Huhnes. URL: http://www.amazon.de/gp/product/images/B000XHABTA/ref=dp_image_0?ie=U TF8&n=290380&s=music, abgerufen am 22.01.12, 08:47 h

Amazon UK: Death of a President. URL: http://www.amazon.co.uk/Death-of-A-President-DVD/dp/B000J3FDDM, abgerufen am 22.01.12, 08:50 h

Amazon: Muxmäuschenstill. URL: http://www.amazon.de/Muxmäuschenstill-Jan-Henrik-Stahlberg/dp/B0006UJOPG, abgerufen am 22.01.12, 08:52 h

Filmverzeichnis

A HARD DAY´S NIGHT (Großbritannien, 1964)

A MIGHTY WIND (USA, 2003)

BEST IN SHOW (USA, 2000)

BORAT (USA, 2006)

BRÜNO (USA, 2009)

DAS FEST DES HUHNES (Österreich, 1992)

DAVID HOLZMAN'S DIARY (Frankreich, 1967)

LAND OHNE BROT (Spanien, 1933)

LE PETIT SOLDAT (Frankreich, 1963)

MUXMÄUSCHENSTILL (Deutschland, 2004)

PAULSEN FOR PRESIDENT (USA, 1968)

SPAGHETTIERNTE (Deutschland, 1957)

TAKE THE MONEY AND RUN (USA, 1969)

THE RUTLES: ALL YOU NEED IS CASH (USA/ Großbritannien, 1978)

THIS IS SPINAL TAP – A ROCKUMENTARY BY MARTIN DIBERGI (USA, 1984)

TOD EINES PRÄSIDENTEN (Großbritannien, 2006)

ZELIG (USA, 1983)

Abkürzungsverzeichnis

d. h.	=	das heißt
d.i.	=	das ist
ebd.	=	ebenda (bei mehrmaligem Zitieren derselben Seite)
engl.	=	englisch
etc	=	Et cetera
f.	=	die angegebene und die folgende Seite
ff.	=	die angegebene und die beiden folgenden Seiten
GWU	=	Geschichte in Wissenschaft und Unterricht (Fachzeitschrift)
h	=	hour (Uhrzeit)
http.	=	Hypertext Transfer Protocol
Hrsg.	=	Herausgeber
H.'s	=	Himmelfreundpointner-Brüder
Inc.	=	Incorporated
i. S. v.	=	im Sinne von
Kap.	=	Kapitel
K.K.	=	Kayonga Kagame
Min.	=	Minute
OÖ	=	Oberösterreicher
S.	=	Seite
s.	=	siehe
sog.	=	sogenanntes
Tab.	=	Tabelle
u. a.	=	und anderem
usw.	=	und so weiter
vgl.	=	vergleiche
z. B.	=	zum Beispiel

Abbildungsverzeichnis

Tabellenverzeichnis

Anhang

5.1 Sequenzprotokolle

5.1.1 DAS FEST DES HUHNES

S 1
00:00:00 –
00:01:11

Vorspann, der suggeriert, dass es sich um eine Folge einer Dokumentationsreihe des Senders „All African Television" handele: Zunächst Schnittfolge verschiedener Landschaften, darunter Polarregion, Wüste, Palmen. Schriftzug: „Kayonga Kagame zeigt uns die Welt". Dann sieht man eine Blaskapelle in einem Ruderboot auf einem oberösterreichischen See und Menschen in Tracht, die an einer Parade teilnehmen. Schriftzug: „Diesmal: Das unberührte und rätselhafte Österreich" – Zoom auf den Reporter Kayonga Kagame (K.K.), der mit einer Kamera auf der Schulter im Jeep sitzt. Schriftzug: „Das Fest des Huhnes". – Schnittfolge österreichischer Traditionen, zwischendurch ist K.K. beim Filmen zu sehen.

S 2
01:00:11 -
00:03:57

Der schwarzafrikanische Reporter K.K. im Studio gibt in afrikanischer Sprache eine Einführung in das Forschungsthema. Er wird zeitlich versetzt synchronisiert. – Luftaufnahmen der oberösterreichischen Landschaft. Aus dem Off begründet ein Sprecher das ethnologische Interesse an Oberösterreich und vergleicht Kultur und Geographie des Landes mit denen des afrikanischen Kontinents.

S 3
00:03:57 –
00:07:12

Kontaktversuche mit mehreren Eingeborenen: Zunächst zeigen sich diese scheu (Verdacht: Xenophobie), dann gelingt die Kontaktaufnahme mit Kindern über das Verteilen von Süßigkeiten und die mit vier Brüdern in einem Gasthaus über das ‚Verteilen' von Geldscheinen. Vorstellung der sog. Himmelfreundpointner-Brüdern (H.'s).

S 4
00:07:12 –
00:12:51

Die H.'s und das Filmteam auf Expedition: Die einheimischen Brüder dienen dem Filmteam als Fremdenführer und Lastenträger. Der Sprecher aus dem Off charakterisiert die Eingeborenen, indem er das Verhalten Einzelner verallgemeinert. Filmteam mit Brüdern auf einem Boot: Einstellungen von einem Hausboot mit Bier trinkenden Touristen und vom Ufer mit Fahrradfahrern. Vergleich mit Nomadentum und den Massai

S 5
00:12:51 –
00:18:01

Reporter im Studio: „Ich möchte mich nicht der Behauptung anschließen, die europäischen Völker und Stämme besäßen keine Kultur in unserem afrikanischen Sinn." – Archivaufnahmen von rituellen Tänzen der Oberösterreicher – Sprecher aus dem Off vergleicht die europäische mit der afrikanischen Kultur, welche eine Kultur der Masken und des Tanzes sei. Die europäische Kultur dagegen sei zwar eine des geschriebenen Wortes, aber „es steht uns nicht zu sie allein deswegen gering zu achten." Es folgen einige Einstellungen von traditionellem Gesang (Jodeln) von Jung und Alt, Off-Sprecher: „Beinahe möchte man glauben das Seelenleben der Oberösterreicher sei doch vielschichtiger, als man auf den ersten Anschein hin anzunehmen bereit ist."

S 6
00:18:01 –
00:19:05

Versuch einer ethnologischen Einordnung der Oberösterreicher: Schnittfolge verschiedener Nahaufnahmen von Gesichtern auf einem Volksfest. Off-Sprecher schließt daraus, dass es sich um ein Mischvolk handeln müsse, haben doch Kelten, Slawen sowie Stämme aus dem Mittelmeerraum in dem betreffenden Gebiet gesiedelt. Daraus erklärt sich für ihn auch die latent vorhandene Fremdenfeindlichkeit der Eingeborenen, was er mit einem Zitat des südafrikanischen Dichters Breyten Breytenbachs ‚belegt'. Demnach sehnten sich gerade die Mischlinge, ‚die Bastarde', fast krankhaft nach der Reinheit und Reinhaltung des Blutes. – Off-Sprecher stellt Verwandtschaft zu den Bayern fest.

S 7
00:19:05 –
00:23:33

Reporter K.K. in einer Kirche doziert zu den ‚spirituellen Praktiken' (Katholizismus) der Oberösterreicher: „Es ist, wie auch in den anderen uns bekannten Ausprägungen, eine aus vielen disparaten Elementen zusammengesetzte, also synkretistische und somit für einen Durchschnittsafrikaner nicht leicht zu verstehende Religion. In gewisser Weise dem Judentum und dem Islam verwandt.

Von diesen beiden aber unterschieden durch den Mythos eines getöteten und wieder auferstandenen jungen Gottes". Während seines Kommentars sieht man verschiedene Einstellungen von einer Prozession. Dann erläutert er, dass es sich beim Christentum keineswegs um einen monotheistischen Glauben, sondern um einen Vier-Götter-Glauben handele (Verweis auf vorderasiatische Mythen: ‚Odin' etc.). Eine Schnittfolge verschiedener Statuen und Gemälde in Kirchen folgt. – Reporter im Studio: „Vegetationsgott wurde in Herrschergottheit umgedeutet und die Verwalter des Kultes dieses Gottes machten sich damit selbst zu Herrschern." Es folgt eine Schnittfolge verschiedener Kirchen. Gartenzwerge interpretiert der Reporter als Objekte eines Ahnenkultes, worin er eine Parallele zur afrikanischen Kultur sieht. Schließlich konstatiert er, dass die spirituellen Praktiken in Kulthäusern formalistisch und sinnentleert seien und kaum noch ausgeführt würden. Er stellt die Frage in den Raum, ob sich überhaupt noch Spuren von gelebten spirituellen Praktiken finden lassen.

S 8
00:23:33 –
00:28:10

Off-Sprecher: „Der Oberösterreicher kommt in der Natur, einzeln und in Rudeln vor. Tritt er in Rudeln auf, so neigt er zum Musizieren und zum Gleichschritt." Schnittfolge von Einstellungen von Straßenparaden. Off-Sprecher: „Die Rudelbildung steht, wenigstens auf den ersten Blick, im krassen Gegensatz zu dem in der Fachliteratur oft beschriebenen Hauptwesenszug der europäischen Völker, nämlich dem Individualismus". Um sich vom Individualismus zu erholen, machten sich die Oberösterreicher beim Fastnachtsumzug gleich, indem sie Uniformen trugen und im Gleichschritt marschierten. So schienten sie die Vorteile eines Gruppengefühls, wie es in afrikanischen Familien, Clans oder Stämmen vorherrschend ist, wenigstens erahnen zu können. – Reporter im Wohngebiet. Kamerafahrt entlang einer Straße mit Einfamilienhäusern. Off-Sprecher: „Ich wage die Behauptung, dass jeder Oberösterreicher am liebsten, von den gelegentlichen kostümierten Zusammenrottungen mal abgesehen, allein leben würde, in einem eigenen Haus auf einem fest eingezäunten Grundstück. Unter diesen Umständen wären die OÖ freilich längst ausgestorben, deshalb leben sie, den biologischen Zwängen der Fortpflanzung und der Brutpflege gehorchend, doch in Gruppen zusammen – und zwar in den kleinsten nur denkbaren Gruppen." Verschiedene Einstellungen einer typischen Durchschnittsfamilie (Eltern mit zwei Kindern). Off-Sprecher interpretiert die vorgegebene Einehe und Monogamie der Oberösterreicher als dislozierte Polygamie, da fast jeder Mann tatsächlich mehrere Frauen habe, „wobei aber die Nebenfrauen nicht mit der Hauptfrau im gleichen Haushalt leben." – Off-Sprecher über den Umgang mit Alten. Schnittfolge verschiedener Einstellungen alter Menschen im Altenheim.

S 9
00:28:10 –
00:34:15

Off-Sprecher über die verschiedenen Formen der Behausung der Eingeborenen in Häusern und Zelten. Das Leben im Zelt bezeichnet er als „schwaches Echo aus nomadischer Vergangenheit". Schnittfolge verschiedener Einstellungen von Einfamilienhäusern und Zelten auf einem Campingplatz. Off-Sprecher: „Und wenn Zelte auch dem oft rauen Klima nicht gewachsen erscheinen, so wirken doch die in Zelten wohnenden Eingeborenen zufriedener, ausgeglichener als jene, die feste Häuser bevorzugen." – Männer beim Aufbauen eines Festzelts in einem Dorf. Off-Sprecher spekuliert über die Bedeutung des Zeltes im Leben der Oberösterreicher. Verschiedene Einstellungen Bier trinkender Menschen bei einer Festlichkeit im Zelt. Off-Sprecher: „Um's Biertrinken scheint sich alles zu drehen bei diesem Fest." Zwischendurch ist K.K. immer wieder mit Filmequipment im Bild zu sehen. Off-Sprecher: „Die Eingeborenen trinken fast die ganze Nacht. Mit fröhlichem und geselligem Zusammensein hat das wenig zu tun. Die Teilnehmer an diesem Fest scheinen unter dem Zwang zu stehen, möglichst viel von diesem Getränk zu sich zu nehmen, obwohl dieses Getränk nicht allen zu bekommen scheint. Manch einem wird übel davon, dann verlässt er für kurze Zeit das Zelt, übergibt sich rasch, nur um weiter gewaltige Mengen Bier in sich hinein schütten zu können." Verschiedene Einstellungen von Betrunkenen Männern. Off-Sprecher: „Zwei Tage und drei Nächte lang dauert das Fest […]".

S 10
00:34:15 –
00:36:32

Ortswechsel: Jeep in oberösterreichischer Landschaft. Off-Sprecher versucht das Trinken großer Mengen Bier ethnologisch einzuordnen. K.K. und das Filmteam mit den H.'s im Gasthaus. Tonbandgerät und sonstiges Filmequipment im Bild. K.K. führt Interview mit den H.'s über die kulturellen Hintergründe des Biertrinkens.

Antwort: „ Ja's Bier schmeckt uns halt. [...] A bsondere Bdeutung hatt des niet."
Afrikanischer Untertitel. Off-Sprecher: „Man muss sich als Forschungsreisender
davor hüten zufälliges für Typisches zu halten. Aber wie die
Himmelfreundpointners jede tiefere Bedeutung leugneten, wie sie dieses Fest zur
Alltäglichkeit herunterspielen wollten, gerade das gab mir die Gewissheit, dass es
sich hier um ein kultisches Treffen von eminenter Bedeutung handeln müsse. Denn
überall auf der Welt versuchen die Eingeborenen die wichtigsten Riten und Kulte
vor den Fremden, den Nicht-Eingeweihten zu verbergen." H.'s und Filmteam
wandern über ein Feld. Einstellungen von einem Festzelt. Off-Sprecher: „Wir
hielten, was wir miterlebt hatten, zunächst für einen lokalen Kult. Dann: Ein
anderes Dorf, ein anderes Zelt." Reporter mit Handkamera im Zelt. Synchronisation
durch Off-Sprecher: „Und auf unserer weiteren Reise durch tatsächlich nur
ungenügend erforschte Oberösterreich stellen wir fest, dass, höchst erstaunlich, in
jedem Dorf einmal im Jahr eine solche mysteriöse Zusammenkunft stattfindet. Fast
immer in Zelten, selten in Stadeln, Zeughäusern usw."

S 11
00:36:32 –
00:44:05

Verschiedene Einstellungen eines Festes, feiernde und zu Musik schunkelnde
Menschen. Off-Sprecher über die Struktur dieser Feste: 1. Phase: Gemeinsames
Mahl, 2. Phase: Verbrüderung. Wiederholt Einstellungen vom Filmteam (mit
Equipment), das mitschunkelt. Off-Sprecher: „Die individualistischen
Oberösterreicher suchen wieder, wie wir es schon bei der Rudelbildung gesehen
haben, nach Gemeinschaft, wollen Gleiche unter Gleichen werden." 3. Phase: Tanz/
Balztanz. Off-Sprecher: „Und nun findet man nichts mehr von der formalistischen
Sterilität, die uns anhand des alten Archivmaterials so verblüfft hat." Verschiedene
Einstellungen vom als Balztanz identifizierten ‚Schuhplattlern' und ‚Frauen, die
miteinander tanzen. Off-Sprecher: „Ob daraus freilich Rückschlüsse auf die
Sexualbräuche der Oberösterreicher gezogen werden können, bleibt fraglich." 4.
Phase: Trance. Off-Sprecher beschreibt Trance-Zustand. Einstellungen von auf
Tischen tanzenden Menschen: „Man tritt sozusagen aus sich heraus, man
überschreitet die engen Grenzen der eigenen Persönlichkeit, wie es für jene Trance-
Zustände eben typisch ist, deren Erreichung das Ziel so vieler Kulte, so vieler
Völker auf der Welt ist."

S 12
00:44:05 –
00:52:22

K.K. im Studio vor altem Schneidetisch. Synchronisierender Off-Sprecher weist auf
religiösen Charakter des Festes hin und doziert zur Bedeutung des gemeinsamen
Mahls und zur Bedeutung des in diesem Zusammenhang getrunkenen Weins
innerhalb des christlichen Kultes. Vergleich mit afrikanischem Totemkult: „Man
isst sein Fleisch, man trinkt sein Blut, eine Totemmahlzeit also. [...] Das Totemtier
war jedenfalls das Lamm. Interessant ist allerdings, dass bei den kultischen Feiern
nicht das Lamm verzehrt wird, sondern Brot." Abwechselnd Einstellungen von
christlichen Symbolen und Einstellungen vom Fest. K.K. im Studio.
‚Archivaufnahmen' (angeblich aus der anthropologischen Kinemathek von
Kinshasa) vom gemeinsamen rituellen Mahl eines gebackenen Osterlamms. Off-
Sprecher resümiert: „Halten wir fest, was wir sicher wissen: Die alten steinernen
Kultgebäude stehen leer, stattdessen versammelt man sich zur Kultausübung in
Zelten. Und dabei wird nicht mehr Wein getrunken, sondern Bier." Reporter im
Studio zeigt am Schneidetisch Aufnahmen von einem alten Mann, der ein
Kunststück mit einem Hahn vorführt. Off-Sprecher: „Sollte diese kleine, scheinbar
nebensächliche Szene, ihrerseits eine kultische Handlung sein? Ein Tierkult – der
Hahn als neues Totemtier?" Verschiedene Einstellungen, die die Zubereitung, das
Servieren und den gemeinschaftlichen Verzehr von Grillhähnchen im Festzelt
zeigen und von lebenden Hühnern auf einer Wiese. Off-Sprecher: „Dass das Huhn
sich, psychologisch gesprochen, als Projektionsfläche für religiöse Vorstellungen
hervorragend eignet, wissen wir gerade wir in Afrika nur zu gut. Und wir kennen
das etwa auch von den Voodoo-Kulten her. Tendenziell muss der Hahn früher aber
auch in den Alpen verehrt worden sein, man findet sein Abbild auch in alten
Zeiten schon auf den Türmen mancher Kulthäuser und auch in den Häusern selbst
[...] Das Totemtier Lamm scheint in der Tat vom Totemtier Huhn abgelöst worden
zu sein." Verschiedene Einstellungen von Wetterhähnen auf Kirchtürmen, von
Hühnern auf Gemälden und von echten Hühnern. Off-Sprecher über die Bedeutung
des Huhns für die Oberösterreicher. Interview mit einem Bauern zur Rolle des
Huhns in der sprachlichen Metaphorik (Filmteam im Bild, Untertitel). K.K. im

Studio. Off-Sprecher sieht im ‚Ententanz' Beweis für die Verehrung des Huhns: „Man ahmt das Flügelschlagen des Huhnes nach. [...] Man fühlt sich als Huhn, man wird eins mit dem Totemtier, also auch mit dem Gott für das es steht." Verschiedene Einstellungen Ententanz tanzender Menschen. Bild im Bild: Verschiedene Einstellungen von Hühnern.

S 13
00:52:22 –
00:55:53

K.K. im Studio resümiert: „Was wir in Oberösterreich miterleben durften ist nicht weniger als dies: Ein religiöser Paradigmenwechsel, vielleicht sogar das Entstehen einer neuen Religion. Ein weißer Fleck auf der ethnologischen Landkarte konnte beseitigt werden. Mit wissenschaftlichem Scharfsinn, aber natürlich auch mit jenem Quäntchen Glück, auf das Forschungsreisende stets vertrauen müssen. Viele andere Rätsel freilich bleiben ungelöst, denn ganz werden wir wohl nie eindringen können in die Psyche der Eingeborenen im fernen Oberösterreich. Schönen Abend und alles Gute bis zum nächsten Mal, wenn es wieder heißt: Fremde Länder, fremde Sitten. Kayonga Kagame zeigt uns die Welt." - Abspann

5.1.2 TOD EINES PRÄSIDENTEN

S 1
00:00:00 –
00:01:26

Prolog: Luftaufnahmen von Manhattan, von einem sehr großen Friedhof, von Basketball spielenden Jugendlichen. Gleichzeitig äußert sich eine weibliche Stimme aus dem Off in arabischer Sprache zu den Anschlägen vom 11. September 2001. Englischer Untertitel: „When I saw what the terrorists had done on 9/11, I cried. I cried like all the Americans cried. For three days I sat watching CNN. I couldn't believe what they had done. I know a lot of people from my country who said 'So what? Americans have always had safety and security. Why shouldn't they taste the fear we live with all our lives? But those people weren't thinking or seeing ahead. If I couldn't only talk to him, just once I'd just ask him: Didn't you stop and think for a moment?' Interviewsituation mit muslimischer Frau: 'When the gun was in your hand, when your finger was on the trigger, how couldn't you think about the consequences of your actions and what this would do to your son's future? To America? To your country? Did you really not care?'"

S 2
00:01:26 –
00:02:13

Vorspann: Schwarzer Bildschirm, zwei Schüsse, Sirenen, Unscharfe Straßenbeleuchtung bei Nacht

S 3
00:02:13 –
00:04:09

Schwarzer Bildschirm mit Datumsangabe: "October 19, 2007", Bilder von Flugzeug im Landeanflug und von wartendem Sicherheitspersonal, Ortsangabe: „Chicago O'Hare Airport". Nachrichtensprecherin aus dem Off: „President Bush is in Chicago tonight for a speech to city business-leaders [...]" Aus dem Off spricht interviewter Sicherheitsbeamter Bushs über seine Arbeit, währenddessen Archivaufnahmen von Georg W. Bush, der aus der *Air Force One* steigt. Verschiedene Einstellungen von Bush, der die Wartenden begrüßt. *Larry Stafford. Former Head, Presidential Protection Detail* spricht detailliert über den geplanten Ablauf des Besuch Bushs und die in diesem Zusammenhang im Vorhinein getroffenen Sicherheitsmaßnahmen. Einstellung, die zeigt wie Bush in einer Eskorte schwarzer Limousinen den Flughafen verlässt.

S 4
00:04:09 –
00:09:11

Verschiedene Einstellungen der Eskorte auf dem Highway. Weibliche Stimme berichtet aus dem Off über die Fahrt vom Flughafen zum Hotel. Interviewsituation mit *Eleanor Drake. Former Special Advisor to President Bush.* Mehrere Fotos, auf denen Bush und Mrs. Drake zu sehen sind, werden eingeblendet. Währenddessen spricht Mrs. Drake u.a. über Bushs Irak-Politik und die in diesem Zusammenhang erwarteten Proteste: „But as always he was confident that our policies were correct. It was just a matter of time." Die Eskorte fährt in Chicago Downtown ein, verschiedene Einstellungen von protestierenden Demonstranten, die wütend schreien: "Chicago hates Bush! Chicago hates Bush! [...]" und Polizisten. Männliche Stimme kommentiert die Bilder zunächst aus dem Off und betont, die Schwierigkeit eine Stadt wie Chicago abzusichern. Dann Interview mit *Sup. Greg Turner. First Deputy, Chicago Police Department*. Er beschreibt die Demonstranten als "violent individuals" und rechtfertigt den Einsatz von Schlagstöcken. Weitere Archivaufnahmen von wütenden Demonstranten und der Eskorte. Die Stimme von *Sam McCarty (Former White House Correspondent der Washington Post)* setzt aus dem Off ein und beschreibt die Situation aus seiner subjektiven Sicht: „My vehicle was, I believe, three vehicles behind the president's limo. [...] Everywhere I ever went with Bush we would run into protesters, but this time was different. I mean this time it seemed to me there was real hate [...]" Einstellungen von Polizisten, die gegen die Demonstranten vorgehen. McCarty dazu: "I thought there's no way they gonna be able to keep controlled it." Es folgen mehrere Kommentare der vier interviewten Personen zur Bedrohung des Präsidenten durch die Demonstranten.

S 5
00:09:11 –
00:11:43

Mr. Stafford berichtet über die Sicherheitsvorkehrungen im und um das Hotel ‚Sharaton', wo Bush seine Rede hält. Bilder von Scharfschützen auf den gegenüberliegenden Gebäuden, von Sicherheitsschleusen am Hoteleingang und von Demonstranten, die lautstark fordern: „We say: Stop the killing, stopp the burning, stopp the torture and stop they forcing our nighbourhoods and communities to pay for a war they don't want." Ausschreitungen unter den Demonstranten. Mr. Turner berichtet über die Abführung eines Demonstranten, der mithilfe eines Megafons sein detailliertes Wissen über den Ablauf des Besuchs des Präsidenten verkündet. Fotos von der ID-Card des Aktivisten Frank Molini und Profilfotos von ihm. Demonstranten laufen durch die Straßen. Polizisten bilden Straßensperre.

S 6
00:11:43 –
00:20:54

Aufnahmen vom Versammlungssaal des Hotels, wo Bush seine Rede vorm ‚Economic Club of Chicago' hält, und von Beamten des Secret Service. Mrs. Drake über die Inhalte und wahren Intentionen der Rede: „The speech was about the economy, but really the speech was another warning to North Korea [...]". Archivaufnahmen von Kim Jong Il und seinen Militärparaden. Begrüßung der anwesenden Teilnehmer des Kongresses. Parallelmontage von Archivaufnahmen der Demonstranten und denen vom Sitzungssaal. Einführung und Begrüßung des „President of the United States". Die Rede Bushs: „Thank you all very much, it's a windy day out there, which is a good day for a windy speaker. [...]". Mrs. Drake beschreibt die gute Stimmung im Saal, "Bush was at his best in front of a life audience." Bush scherzt wiederholt, das Publikum lacht. McCarty beschreibt Bushs Rede: "Whenever Bush give a speech he would do this 'down-home-kind-of-a-country boy-thing" and he was really good at that [...] he knew what people thought of him on some level, and I think he knew how to work that. He was very skilled in using the fact that people under-estimated him". Bush: "We have a responsibility to meet great dangers to our country. Wherever they get them, one by one, we're showing these motionless killers the meaning of justice. [...]". Im Verlauf der Rede werden immer wieder Bilder von Demonstranten und Kommentare der interviewten Personen eingeblendet. Bush: „[...] and god bless you all." Demonstranten verbrennen die amerikanische Flagge. Polizei setzt Tränengas ein. Überwachungskamera-Aufnahmen werden eingeblendet.

S 7
00:20:54 –
00:26:19

‚Meet-and-greet' Bushs. Mr. Stafford berichtet über die Abläufe des ‚Meet-and-Greets' und die Routine des Sicherheitsdienst. Fotos von Bush und seinem Stab. Aufnahmen vom Eingangsbereich des Hotels, wo die Menschen hinter einer Absperrung auf Bush warten, Secret-Service Mitarbeiter, Bilder von Überwachungskameras des Hotels. Bush schüttelt die Hände seiner Anhänger. Aufnahmen in Zeitlupe. Kommentar von Security-Service-Beamten Stafford über die unterschiedlichen Vorgehensweisen von Sicherheitsbeamten: „Somebody is looking at hands, I look at eyes and I look for that stare, that look that says: ‚I'm not a big fan of the president'. And then I saw Danny Williams. Danny Williams was a guy who had been following the president. He showed up to any event that he could afford to get to. He's one of these environmental nuts [...]". Die Sicherheitsbeamten entfernen Danny Williams. Die Anhänger jubeln Bush zu, dann wird auf Bush geschossen.

S 8
00:26:19 –
00:31:13

Die Menge gerät in Panik, Bush wird in einer Limousine ins Krankenhaus gefahren. Eine Nachrichtensprecherin vor der Kamera dreht sich erschrocken um, als die Limousine hinter ihr vorbei rast. Verschiedene Bilder von den sich in der Umgebung befindenden Überwachungskameras und von einer Notrufzentrale werden eingeblendet. Am Boden liegender verletzter Sicherheitsbeamter, wird von Kollegen erstversorgt. Mediale Berichterstattung: Nachrichtensendung ‚Breaking News' titelt „Shots fired at Bush'. *Robert H. Maquire, Special Agent in Charge, Chicago FBI* über die Aufgabe des FBI den Attentäter zu finden und vor Gericht zu bringen. Er beschreibt die Vorgehensweise des FBI und die ersten Ermittlungen.
Dann folgt die vorläufige Festnahme des verdächtigten und zuvor schon vorgestellten Aktivisten Frank Molini und die Begründung seiner Festnahme. (Wieder ID-Card und Verbrecherfotos). Frank Molini schildert seine Verhaftung und seine Meinung über Bush. Ankunft der Limousine des Präsidenten beim Krankenhaus. Reporterscharen vor dem Krankenhaus versuchen Statement zum Zustand von Bush zu bekommen. Demonstranten applaudieren, als sie die Nachricht vom Attentat auf Bush hören.

S 9
00:31:13 –
00:37:00

Forensische Abteilung des FBI von außen und innen. Maquire über die Ermittlungsmethoden des FBI. *James Pearn, Former FBI Forensic Examiner* über die forensische Untersuchung der zahlreich vorhandenen Spuren und Beweise und den Abgleich derer mit einem sog. „personal interest". Fotos vom Tatort bzw. von dem Raum im gegenüberliegenden Gebäude, von dem aus geschossen wurde.

Verschiedene Einstellungen und Bilder einer Überwachungskamera von der Festnahme des Verdächtigen Casey Claybon. Kurze Schnittfolge von seiner ID, von ihm als Soldat in der Army und von Verbrecherfotos nach seiner Festnahme. Claybon schildert seine Festnahme und betont, dass er nicht vor Ort gewesen sei, um zu demonstrieren. –Mrs. Drake über die Verfassung von Mrs. Bush, als sie ins Krankenhaus kommt. Fotos von einer OP. Im Krankenhaus gibt der Chefarzt mit zitternder Stimme eine Presseerklärung zu Bushs Verletzungen und seinem Zustand ab. – Fotos vom Fundort der Waffe und von der Waffe selbst. Pearn betont, dass es, entgegen der durch Filme verbreiteten Annahme, schwierig sei, auf einer Waffe Fingerabdrücke zu finden. Detailaufnahme einer Waffe folgt und die Feststellung, dass es aufgrund der entfernten Seriennummer der Waffe naheliege, dass es sich bei dem Attentäter um jemanden handeln müsse, der mit einer Waffe umzugehen wisse.

S 10
00:37:00 –
00:38:25

Luftaufnahme einer Moschee bei Nacht. Muslimische Frau aus der Anfangssequenz erzählt von dem Abend, an dem das Attentat geschah: „I first heard from my husband Jamal when he came home from work. He seemed very shaken. He said someone has shot Bush. [...] You know, as soon as I heard that, I thought 'Please, God, don't let it be a Muslim, who had done this'. Jamal told me that when he left work the streets were full of police. He was afraid they would arrest him just because he was Muslim and he was there. [...] Then Jamal said, 'Do you think I should go and talk to the police?' But tell them what? That he was there and saw nothing? How is that helpful? I told him, it would only make them suspicious."

S 11
00:38:25 –
00:42:40

Weitere Einstellungen des nächtlichen Chicagos und eines Justizvollzugsbeamten, der Zellen verriegelt. Maquire darüber, dass sie an diesem Tag ca. 300 Leute verhaftet haben. Außerdem betont er, dass sich die Suche nach dem Täter in diesem Fall besonders schwierig gestaltet habe, da eine Eingrenzung des Kreises der Verdächtigen anhand des Motivs nicht möglich gewesen sei, hätte doch jeder der unzähligen Demonstranten prinzipiell eines gehabt. Einstellungen von zornigen Demonstranten. Frank Molini schildert seine Sicht der Geschehnisse. Er wollte in das besagte Gebäude, von dem aus der Schuss abgegeben worden ist, um dort ein Banner am Fenster zu positionieren. Bilder einer Überwachungskamera, auf denen Molini zu sehen ist, wie er versucht durch eine Drehtür in das Gebäude zu kommen. Als ihm ein anderer Mann entgegen kommt, verlässt er das Gebäude jedoch unmittelbar wieder. Einstellung, die das ausgerollte Banner zeigt, auf dem ein Bild von Bush mit einer Pistole an der Schläfe und der Schriftzug „Patriot Act" zu sehen ist. Molini kann es also nicht gewesen sein. – Der nächste Verdächtige wird vorgestellt (gleiches Muster wie bei den anderen). Es handelt sich um Samir Masri. Dieser schildert seine Verhaftung: „When they looked to my ID they knew: My Family is from Yemen, but I'm an American citizen. I was born in Detroit, I'm a Lions fan. They don't read me my rights, they didn't offer me a lawyer, they didn't tell me anything about why they're questioning me. They told me that they knew my father was a terrorist as well. He was arrested after 9/11, because when he came here from Yemen that was on a tourist visa and he decided to stay. Millions of people overstay on a tourist visa, millions. I mean that doesn't make it right but it also doesn't make him a terrorist. Bush and Ashcroft deported my mother, my father and my brother. And that's why I was here protesting. They said that if I didn't cooperate, I could be declared an enemy combatant, did loose my rights to a civil trial. Bilder von Masris Familie und von einem Gefängnisflur, in dem ein Gefangener in Sträflingskleidung von einem Justizvollzugsbeamten in eine Zelle geführt wird

S 12
00:42:40 –
00:42:58

Bilder der Überwachungskameras, auf denen zwei noch nicht identifizierte Verdächtige und Casey Claybon zu sehen sind. Maquire zum Täterprofil: "Many of the suspects were detained to the description of a non white male seen on the 20th floor of 422 North Park earlier in the day. We needed to establish if this was the same man seen leaving the service area under the building three minutes after the shooting or the man leaving the building as Molini tried to go in or if it was Casey Claybon seeing crossing Lake Street a couple of minutes prior to his arrest."

S 13
00:42:58 –
00:43:58

Einblendung der Verbrecherfotos Claybons. Dieser berichtet darüber, warum er an diesem Tag in Chicago war: „That day I've been looking for work [...]." Außerdem erzählt er, dass er zuvor als Soldat im Irak war und äußert in diesem

Zusammenhang seine Meinung über die Demonstranten: „These people are not looking at us as heroes, we look like fools to them." Wieder Bilder von Demonstranten und von deren Bannern, auf denen beispielsweise „Troops out now!", „Why is my son in Iraque?" or „Soldiers blood on Bush's hands" steht.

S 14
00:43:58 –
00:44:56

Einstellungen vom Eingangsbereich des Krankenhauses, wo zahlreiche wartende Reporter und Sicherheitspersonal zu sehen sind. Mrs. Drake: „I was being informed in the course of the evening along with Mrs. Bush, but I don't think I really understood the extend of the injuries until about 1:30 in the morning, when I called up and said: 'How is my boss doing?' And the nurse started crying and I think that was when I knew. I immediately went to the chapel to talk with Mrs. Bush and to pray with her." Stafford gesteht sichtlich bewegt, dass der Secret Service und er an dem Tag versagt haben.

S 15
00:44:56 –
00:46:12

Schnittfolge von Fernsehnachrichten, die den Tod Bushs melden und Dick Cheney als seinen Nachfolger bekannt geben. Einstellung, die Cheney zeigt, der in eine Limousine steigt und davon eskortiert wird. Luftaufnahmen von Washington D.C., währenddessen verschiedene Nachrichtensprecher, die den Tod Bushs in zahlreichen Sprachen verkünden – die Nachricht geht um die Welt.

S 16
00:46:12 –
00:48:42

Verschiedene Einstellungen vom Gebäude 422 North Park. Maquire berichtet über die Fortschritte der Ermittlung des FBI: Die meisten Leute, die das Gebäude zum besagten Zeitpunkt verlassen haben, seien mittlerweile identifiziert. Einer, der jedoch noch nicht identifiziert sei, sei der Mann, der Molini bei seinem Versuch in das Gebäude zu kommen, entgegen kam. Die entsprechenden Aufnahmen der Überwachungskameras werden eingeblendet und zurückgespult. Liste mit allen Namen der Angestellten des Gebäudes wird von der Kamera abgefahren. Maquire gesteht: „It's true that we did look at Islamic names first." Kamera stoppt bei dem Namen Zikri. Jamal Abu Zikri hat einen Job als IT-Fachmann im 18. Stock des Gebäudes. – Man sieht eine Zeitlupe von einem berstenden Türschloss und splitternder Glasscheibe, dann berichtet Zikris Frau von der Verhaftung ihres Mannes durch das FBI im eigenen Haus. Einstellungen vom Haus, von Polizisten, die die Sachen Zikris sicherstellen, um sie nach Hinweisen auf das Attentat zu durchsuchen, und von Schaulustigen auf der Straße. Maquire: „The forensics guys went to work on in Zikris Apartment. Basically they were recovering everything that could contain fibres or trays that could be linkers to 422 North Park or to the weapon." Seine größte Hoffnung in diesem Zusammenhang sei jedoch das Verhör Zikris.

S 17
00:48:42 –
00:51:16

Hochbahn in Chicago, *'Metro Correctional Centre'* von außen. *John Rucinski. Joint Terrorism Task Force, Chicago FBI* geht durch die Flure des Gebäudes und beschreibt die angespannte Stimmung der Mitarbeiter und den Gemütszustand des verhörten Zikris. Er berichtet, dass es sich bei Zikri um einen Mann ohne Gefühlsregungen handele, der, nach seinem Eindruck, kein Gewissen habe. Foto von Zikri: Zoom auf seine Augen. Rucinski hätte den Eindruck gehabt, dass Zikri seine Unschuld zu offensichtlich beteuert habe und hätte ihm kein Wort geglaubt. Hochzeitsfoto von Zikri und seiner Frau. Rucinski berichtet von der Befragung Zikris: Als er ihn danach fragt, ob er jemals eine Waffe in der Hand gehabt habe, leugnet Zikri das. Ein Foto von Zikri wird eingeblendet, auf dem er ein Gewehr hochhält. Zikri erklärt, dass das Foto aus seiner Zeit als Wehrdienstleistender in Syrien stamme und dass er es vergessen habe.

S 18
00:51:16 –
00:53:29

Kamerafahrt an Funkwagen vorbei. Reporter gibt den Namen („Jamal Zikri") und die syrische Herkunft des mutmaßlichen Attentäters bekannt und berichtet von seiner Verhaftung. Der Journalist Mc Carty über den öffentlichen Druck, dem das FBI zu diesem Zeitpunkt ausgesetzt ist, den Täter zu finden und zu bestrafen. Nachdem klar war, dass es sich bei dem angeblichen Täter um einen Syrer handele, hat Maquire eine Telefonkonferenz mit dem Direktor der CIA, Michael Haydon. Dieser gibt ihm die Aufgabe eine Liste zu erstellen von allen syrischstämmigen Einwohnern, die in den letzten sechs Monaten in Damaskus waren. Danach ruft ihn der Präsident an. Zunächst hält er es für einen schlechten Scherz, dann wird jedoch klar, dass es sich um Cheney handelt. Ein Foto wird eingeblendet, auf dem Dick Cheney beim telefonieren zu sehen ist. Maquire gibt Cheney gegenüber zu bedenken, dass es keine eindeutigen Beweise für einen politisch intendierten

Anschlag gebe. Dies seien lediglich Schlussfolgerungen der Medien. Bei einer Pressekonferenz betont der syrische Pressesprecher, dass man das Land Syrien dafür nicht verantwortlich machen könne.

S 19
00:53:29 –
00:57:04

Als das FBI die Militärakte von Zikri anfordert, wird sie von Syrien nicht herausgegeben. Syrien wird daraufhin verdächtigt hinter den Anschlägen auf Bush zu stecken. Verschiedene Einstellungen zeigen Amerikas mediale und militärische Aufrüstung zum Krieg gegen Syrien. Interview in Nachrichtensendung mit Exilsyrer Tariq Khoudry, der von einer Todesliste des syrischen Geheimdienstes berichtet, die er mit eigenen Augen gesehen habe. Auf dieser, so Khoudry, habe auch Bushs Name gestanden. Mc Carty über die Glaubwürdigkeit des Exilsyrers, der wohl jede Gelegenheit nutzen würde, um sich an Syrien zu rächen. Außerdem berichtet er, dass auch Cheney nach ein paar Tagen an der ‚Syrien-Geschichte' gezweifelt habe und seine Aufmerksamkeit wieder aufs eigene Land gerichtet habe. Im State Capitol wird daher kurzfristig eine Sitzung einberufen, bei der der Kongress ein Gesetz (der sog. ‚PATRIOT Act III') verabschiedet, das der Polizei und dem FBI mehr Handlungsspielraum im Kampf gegen den Terrorismus einräumt.

S 19
00:57:04 –
00:59:13

Einblendung weißer Schrift auf schwarzem Hintergrund: „Ten days after the assassination". Bushs Beerdigung: Schnittfolge verschiedener Einstellungen, die ein militärisches Staatsbegräbnis und die trauernden Angehörigen zeigen. Cheney hält Trauerrede in einer Kathedrale. Mrs. Drake spricht kurz über Bush: „He had that power, that straights of leadership that I believe was invested to him by god."

S 20
00:59:13 –
01:03:20

Schwarzer Bildschirm, Gesang eines Muezzins ist zu hören. Verschiedene Einstellungen zweier Minarette bei Sonnenaufgang, im Hintergrund ist die Skyline Chicagos zu sehen. Maquire darüber, dass sich in der dritten Woche der Ermittlungen Beweise dafür gefunden haben, dass Zikri Kontakt zu einer Terrorzelle (um Khaled Leqawi) hatte und im April 2001 nach Pakistan geflogen war. Luftaufnahmen einer Wüstenlandschaft. Zikris Frau erklärt, dass Leqawi Eindruck bei ihrem Mann schinden und ihm islamistisches Gedankengut übertragen konnte, da er viel über Dinge sprach, die Zikri emotional berührten. Foto von Khaled Leqawi. – Im *Metro Correctional Centre* berichtet Rucinski über das Verhör, das mit Zikri geführt wird, nachdem die belastenden Beweise aufgetaucht sind. Zunächst habe dieser alles abgestritten, dann jedoch habe er zugegeben, dass er in Afghanistan gewesen sei. Schnittfolge verschiedener Einstellungen eines Terrorcamps in Afghanistan. Seine Frau erzählt, dass Zikri dies alles nicht gewollt habe und aus dem Terrorcamp geflohen sei, indem er vorgetäuscht habe krank gewesen zu sein.

S 21
01:03:20 –
01:04:31

Schnelle Schnittfolge von Fotos verschiedener Beweisstücke (Kleidung), an denen Schmauchspuren gefunden wurden. James Pearn berichtet, dass Schmauchspuren zur eindeutigen Überführung eines Täters nicht ausreichend seien. Zwar hätten auch 9 Punkte der am Tatort gefundenen Fingerabdrücke mit denen von Zikri gehabt, jedoch hätte auch dies nicht ausgereicht, um ihm die Tat sicher nachzuweisen. Allerdings räumt er auch ein, dass Leute schon aufgrund von noch weniger Beweisen verurteilt worden seien. Zwischendurch sind immer wieder Fotos von den Spuren am Tatort zu sehen.

S 22
01:04:31 –
01:08:00

Es folgt eine Presseerklärung, in der Zikri als Täter genannt wird. Weiter wird der Öffentlichkeit mitgeteilt, dass er in Afghanistan in einem Terrorcamp gewesen sei, weswegen seine ‚Tat' ein terroristischer Akt gewesen sei. Fotos von ihm und Osama Bin Laden werden eingeblendet. Der Sprecher betont außerdem, dass die Ermittlungsergebnisse nur durch den PATRIOT Act ermöglicht wurden. Rede Dick Cheneys im weißen Haus folgt, in der er betont, dass es Terroristen durch brutale Anschläge nicht schaffen würden, die Politik der USA zu beeinflussen. Zikris Anwältin *Dawn Norton* erklärt, dass allein die Tatsache, dass ihr Mandant in Afghanistan gewesen sei, noch kein Beweis für seine Täterschaft sei. Sie unterstellt der Regierung, Zikri zu benutzen, um die Tat als terroristischen Akt zu deklarieren. Allein die Art und Weise der Veröffentlichung der Beweise sei ein Anzeichen für die schwache Beweislage. Schnittfolge von Zeitung lesenden Menschen auf der Straße und in Cafés. Weiter meint Norton, dass sich der ganze Fall im Endeffekt nur auf die teilweise Übereinstimmung eines einzigen Fingerabdrucks stütze, da

Schmauchspuren lediglich Indizien seien.

S 23

01:08:00 –
01:12:51

Texteinblendung: „Seven months after the assassination. The jury reaches its verdict." Die Geschworenen betreten den Gerichtssaal. Eine Sprecherin verkündet das Urteil: "The people of the United States vs. Jamal Mohammed Abu Zikri […]. We, the twelve members of the jury unanimously find the defendant guilty of the assassination of President George Walker Bush." Zikris Frau bricht in Tränen aus. Norton bezieht Stellung zum ausgesprochenen Urteil. Sie meint, dass ab dem Zeitpunkt, in dem Zikri mit AlKaida in Verbindung gebracht wurde, jedermann voreingenommen und der Fall damit eigentlich schon entschieden gewesen sei. Pearn und Maquire über die dünne Beweislage.

S 24

01:12:51 –
01:22:54

Casey Claybons Mutter erzählt von ihrer Familie. Alle, sie, ihr Vater, ihr Mann und ihre beiden Söhne, seien in der Army gewesen. Ihr Sohn David sei im Irak ums Leben gekommen. Eine Schnittfolge von Fotos von ihren Söhnen und von Archivaufnahmen vom Krieg im Irak. Unter anderem sind verletzte Soldaten und eine Bombendetonation zu sehen. Bewegt, aber gefasst, berichtet sie von dem Moment, als man ihr die Nachricht vom Tod ihres Sohnes überbracht habe. Ihr anderer Sohn habe sich daraufhin in Drogen verloren. In einem Rückblick rekapituliert sie den Tag, an dem Bush ermordet wurde. An dem Morgen des besagten Tages habe ihr Mann ihren Sohn Casey in die Stadt gefahren, der sich dort angeblich einen Job suchen wollte. Ihr wäre jedoch klar gewesen, dass es sich in Wirklichkeit Drogen beschaffen wollte. Als Sie von der Ermordung Bushs aus den Nachrichten erfahren habe, sei sie sehr geschockt gewesen. Daraufhin habe sie versucht ihren Mann auf dem Handy zu erreichen, weil sie sich Sorgen um ihren Sohn machte. – Casey Claybon berichtet von seiner Haft. Diese habe ihn wachgerüttelt. Als er aus der Haft entlassen worden sei, habe er als erstes seine Mutter angerufen. Diese sei total aufgelöst gewesen und habe ihm vom Suizid des Vaters erzählt. Spaziergänger hätten diesen tot in seinem Wagen gefunden. Schnittfolge von Fotos, die den toten Vater mit einer Pistole in der Hand im blutverschmierten Wagen zeigen. Dann drückt Casey seine Trauer über den Tod seines Vaters aus und erzählt über den Umgang seines Vaters mit dem Tod seines Bruders David. Er hätte nie darüber reden wollen. Dann ließt er sichtlich bewegt einen Brief vor, den ihm sein Vater hinterlassen hat: „Everything I stood for and raised you to stand for has turned bad. There's no honour in dying for an immoral course, for lies. I love my country, but I love god and the sons he gave me even more. I must do the right thing about you and about David. George Bush killed our David and I cannot forgive him that." – Die Mutter von Claybon gibt an, den Brief ihres Mannes nie gelesen zu haben, da diese Tat ihrer Meinung nach nicht die Tat ihres Mannes, wie sie ihn kannte, sondern die eines desillusionierten, hilflosen Mannes gewesen sei. Maquire rechtfertigt, warum die Ermittler trotzdem nicht glaubten, dass Claybons Vater der Attentäter gewesen sei, sondern weiterhin von der Schuld Zikris ausgingen. So hätten sich zu diesem Zeitpunkt massenweise Menschen und Gruppierungen zum Mord an Bush bekannt. – Einblendung eines Zeitungsartikels: „Veteran claims father killed Bush". Ein Foto von Claybon ist zu sehen, auf dem er den Abschiedsbrief mit dem Geständnis seines Vaters in die Kamera hält.

S 25

01:22:54 –
01:26:39

Kameraflug über ein Wohngebiet in einem typisch amerikanischen Vorort, Einstellung, die eine Straßensperre des FBI zeigt. Maquire berichtet, dass Casey Claybon ihm ein Dokument präsentiert habe, was er in den Unlagen seines Vaters gefunden habe. Jenes sei ein detaillierter Plan über den Ablauf von Bushs Besuch in Chicago gewesen. Claybon über seine Motivation die Wahrheit ans Licht zu bringen. Mit diesem Hintergrundwissen hätte man auch den bisher unbekannten Mann auf den Videos der Überwachungskameras als Aloisius Claybon identifizieren können, so Maquire. Die Frage sei nun nur noch, wer Aloisius die Dokumente habe zukommen lassen, mit deren Hilfe es ihm möglich war den Präsidenten zu erschießen. Er gibt sich optimistisch, den Verräter zu finden.

S 26

01:26:39 –
01:30:30

Mc Carty äußert seine Vermutung darüber, dass man wegen der Tatsache, dass Aloisius Claybon tot war, trotzdem an Zikri festhielt. „I mean, let's face it: They were unable to link Zikri to any accomplices. All they had on him was that he had travelled and had taking some vacations to exotic locals and had attended the wrong summer camp. But as far as most people are concerned either he's still guilty or if not he at least flirted with terrorism. So who cares if he's looked up?" Zikris Frau über die Gründe, warum ihr Mann immernoch im Gefängnis ist: „My husband is in jail because of politics, not for any fair reason. You see, it suited the authorities to say that this was terrorism. They will find something else to keep him in prison or the other possibility is to deport him. If I could only talk to Claybon, just once, I'd ask him 'Didn't you stop and think for a moment? When the gun was in your hand, when the finger was on the trigger, how could you not think about the consequences of your actions?'" (Wiederholung vom Anfang). – Verschiedene Einstellungen von Casey Claybon, der über einen Friedhof läuft und sich am Grab seines Vaters hinkniet. Aus dem Off ist seine Stimme zu hören: „My Daddy, he lived fort he army, he was proud of serving, proud of America and he lived for me and David. I think he felt, he felt like Bush destroyed all that." Texteinblendung: "One year after his conviction, Jamal Abu Zikri has still not been granted leave to appeal. He remains on death row in Statesville Correctional Centre. Since recording the interview for this film Robert H Maquire has resigned as Head of the Chicago Field Office of the FBI. USA PATRIOT III, introduced in the days after the assassination, has since been turned into permanent law. It has granted investigators unprecedented powers of detention and surveillance, and further expanded the powers of the executive branch." – Abspann.

5.1.3 MUXMÄUSCHENSTILL

S 1
00:00:00 –
00:03:48

Der Hauptdarsteller Mux sitzt im Auto. Er spricht in einen Camcorder: „Ich lebe in einer Gesellschaft, in der wir unsere Ideale verloren haben. In der es keine Utopie mehr gibt von einer gerechten Gesellschaft. Und dafür bin ich da." Dann fährt ein Wagen in schneller Geschwindigkeit vorbei. Mux nimmt die Verfolgung auf, bremst den Wagen aus und stellt den Fahrer zur Rede. Er fordert 100 € ‚Geschwindigkeitsübertretungspauschale', die der verdutzte Raser anstandslos zahlt. Als wenn das nicht genüge, konfisziert Mux zudem das Lenkrad. (vgl. Kap. 7.2.3)

S 2
00:03:48 –
00:04:33

Kameraschwenks über das nächtliche Berlin (Titelvorspann)

S 3
00:04:33 –
00:06:03

Mux in seiner Wohnung. Er stellt dem Zuschauer den Langzeitarbeitslosen Gerd vor, den er engagiert hat, um seine Arbeit mit dem Camcorder zu dokumentieren. Mux beschreibt Gerd sein Aufgabenfeld und stellt ihm nach Ablauf der dreimonatigen Probezeit einen festen Arbeitsvertrag mit allen Sozialversicherungen in Aussicht.

S 4
00:06:03 –
00:13:03

Mux und Gerd kontrollieren in der Berliner U-Bahn die Fahrgäste. Da eine junge Frau ihren Ausweis vergessen hat, verkauft Mux ihr eine Tageskarte für überteuerte 15 €. Er stellt eine Gruppe Englisch sprechender Schwarzfahrer und bekundet sein Beileid für ‚9/11'. Als sie sich jedoch als Südafrikaner/innen entpuppen, beleidigt sie Mux. – Aus dem Off erklärt Mux, dass er Gerd eingestellt habe, weil er ihn der Prototyp des Verlierers sei und ihn an seinen verstorbenen Hund erinnere. – An einer Haltestelle legt sich Mux mit herumlungernden Jugendlichen an. Aus einem harmlosen Gerangel wird Ernst und Mux wird brutal. Als sich in der U-Bahn jemand widersetzt, setzt Mux CS-Gas ein.

S 5
00:13:03 –
00:15:25

Mux doziert in die von Gerd bediente Kamera. Es klingelt an der Tür, zwei Männer verschaffen sich gewaltsam Zutritt, fordern eine Videokassette. Mux bedroht sie daraufhin mit einer Waffe und vertreibt sie. Er wird nachdenklich.

S 6
00:15:25 –
00:18:37

Mux sitzt am Ufer eines Sees und philosophiert aus dem Off. – In einer Gaststätte versucht er neue Mitarbeiter anzuwerben. Bei Schnaps und Bier wird er gefragt: „Was verkaufen Sie denn?" Mux antwortet: „Sinn und Verantwortung." Er trifft die Kellnerin Kira. – In seinem Fremdenzimmer liegen viele aufgeschlagene Bücher, auf dem Nachttisch das „Kant-Brevier". Nachts träumt Mux dann von Kira (ihr Gesicht in Zeitlupe).

S 7
00:18:37 –
00:23:34

Parallelmontage zweier Handlungsstränge: Mux und Gerd überwachen vom Balkon aus mit Richtmikrofon und Kamera jugendliche Drogendealer. Mux bezahlt einen Informanten. – Mux ertappt einen Graffiti-Sprüher auf frischer Tat. Mux sprüht ihm die Farbe ins Gesicht, der Sprayer taumelt auf die Gleise und wird von einer S-Bahn überfahren. Mux muss sich übergeben.

S 8
00:23:34 –
00:28:37

Im brandenburgischen Gasthof bietet er Kira das Du an. „Gefall ich dir denn?", fragt sie. Sie flirten und essen Eis. Abends erklärt er, dass er anders sei. „Du bist komisch", sagt sie. Er wolle ihr Ritter sein, monologisiert.

S 9
00:28:37 –
00:31:52

Berlin am Morgen: Ein Müllmann, die U-Bahn. – In einer Schulklasse doziert Mux zum Thema „Verantwortung". Die Klasse hört nicht zu und verhöhnt eine Mitschülerin. Mux greift sich den Rädelsführer, stellt ihn mit Schweinemaske in die Ecke und demütigt ihn.

S 10
00:31:52 –
00:32:21

Mux trifft eine alte Frau, seinen „ersten Fan". Sie erzählt, wie sie von Mux zum besseren Menschen bekehrt wurde.

S 11

Hochwasser in Ost-Brandenburg. Mux und Gerd verfolgen in einem Schlauchboot

00:32:21 – 00:33:47	einen Plünderer und binden ihn, bis zum Hals im Wasser stehend, fest.
S 12 00:33:47 – 00:37:41	Im Kaufhaus stellt Mux eine junge Frau, die einen BH gestohlen hat. Er zwingt sie, das Diebesgut vor ihm auszuziehen. Im Café doziert er, ob und warum er die Erniedrigung der Frau erotisch fand. Dann erzählt er Gerd von Kira.
S 13 00:37:41 – 00:39:55	Mux kauft Gerd einen Anzug. Eine Hundebesitzerin muss die Exkremente ihres Tieres mit bloßen Händen entsorgen. Ein Vergewaltigungsversuch wird gestoppt. Einer Drogensüchtigen wird die Nadel aus dem Arm gezogen und ein Essen spendiert. Ein Räuber wird gestellt. Bei der Love-Parade werden Laternen-Kletterer herunter geholt. Ein Rollstuhlfahrer wird zur Verantwortung gezogen nachdem er bei Rot über die Ampel rollte. (Die Schnittfrequenz steigert sich immer weiter, bis nur noch Sündergesichter zu sehen sind)
S 14 00:39:55 – 00:46:06	Einem Wiederholungstäter wird das Gesicht in Hundekot gedrückt. Mux muss sich übergeben und nimmt sich einen freien Tag: „Ich werde heute nicht die Welt verändern." – Beim Frühstück weist Gerd Mux auf dessen Geheimratsecken hin. – Im Schwimmbad stellen Mux und Gerd einen jungen Mann, der ins Becken gepinkelt hat. Auf der Liegewiese spielt Mux Blindschach mit zwei Mädchen, kauft ihr einen riesigen Eisbecher
S 15 00:46:06 – 00:49:31	Mux macht mit Kira einen Ausflug in Berlin. Im Aussichtsrestaurant des Fernsehturms essen sie zu Geigenbegleitung. Kira will in eine Diskothek, aber dort fühlt sich Mux unwohl. Er zieht sie aus dem Club. Sie streiten. Kira lässt Mux stehen.
S 16 00:49:31 – 00:55:01	Mux und Gerd stellen Vergewaltiger und Kinderpornographen. In einem Imbiss doziert Mux über die Rückfallquote von Sexualstraftätern. Er bekommt einen Anruf von Kira, die ihn zu ihrem Geburtstag einlädt. Mux und Gerd stellen einen alten Mann mit Kinderporno-Videos. Gerd soll ihn verhören.
S 17 00:55:01 – 01:03:00	Gerd schlägt vor die Geldstrafen zu erhöhen. „Reich werden wir hier nicht", sagt Mux und lädt ihn in eine Kneipe ein. Mux singt Schlager, die anderen Gäste singen mit. Mux erzählt von seiner Zeit als Philosophie-Student. – Mux' Nachbarin stirbt, sie halten Totenwache.
S 18 01:03:00 – 01:07:01	Mux mietet größere Büroräume an, er schult neue Informanten, immer mehr Straftäter werden gestellt. – Mux überrascht Gerd beim Onanieren zu dessen eigenen Dokumentaraufnahmen.
S 19 01:07:01 – 01:08:38	Der Werbespot für die Website www.denunziant.com wird vorgestellt. Mux staucht den Regisseur zusammen: „Denunziant" habe in Deutschland einen fahlen Beigeschmack.
S 20 01:08:38 – 01:13:07	Mux und Gerd stellen einen Mann, der seine Familie umgebracht hat, am Tatort. In der Küche essen sie Kuchen mit dem Täter. Das Fernsehen berichtet vom Tatort und dem „jungen Berliner Weltverbesserer Mux". Mux auf allen Kanälen. Aus dem Off doziert er über die Verderbtheit der Welt.
S 21 01:13:07 – 01:17:43	Mux und Gerd fahren nach Brandenburg zu Kiras Geburtstag. Sie besuchen mit Kiras Freunden den örtlichen Rummel. Tanz im Bierzelt. Mux überrascht Kira beim Blow-Job an einem Bekannten.
S 22 01:17:43 – 01:18:47	Zurück in Berlin gibt Mux die Verfolgung eines Graffiti-Sprühers auf. Er scheint frustriert und doziert auch nicht mehr.
S 23 01:18:47 – 01:22:21	Kira und Mux gehen am See spazieren. Als sie auf einer Bank sitzen, erschießt er sie. Für den anschließenden Selbstmord fehlt ihm der Mut. – Gerd und Mux vergraben die Leiche.
S 24 01:22:21 – 01:24:49	Mux' Organisation hat Filialen in weiteren deutschen Städten eröffnet. Mux will nun ins Ausland expandieren. Er kündigt an, nach Rom zu reisen, und übergibt die Geschäfte. Mit Gerd fliegt er nach Italien.
S 25 01:24:49 –	Mux und Gerd absolvieren in Rom das Touristenprogramm. – Mux will einen Schnellfahrer stoppen und wird überfahren.

01:27:30

S 26

01:27:30 –
01:28:38

Auf einem Videoband hat Mux sein Vermächtnis hinterlassen: „Es reicht mit dem öffentlichen Schwachsinn. Wenn ich Recht habe, können sich alle Roland Kochs, Dieter Bohlens und Stefan Raabs, all die Auslaufmodelle dieser Republik, warm anziehen." – Abspann